これからの
スポーツ
ガバナンス

早稲田大学スポーツナレッジ研究会　編

創文企画

はじめに

　早稲田大学スポーツナレッジ研究所は「スポーツマネジメントの科学的知見を収集・整理し、その知識を現場へ還元する」ことを目的に 2011 年に発足した。以来、毎年スポーツマネジメントに関する一つのテーマを設定し、それに沿って約半年間に 6 ～ 7 名程度の研究者や実務家が講演を行い、聴講者を交えて討議を行なう。そして年度の最後に講演者は講演内容を基に新たな考察などを加えて文章化し、そこに研究員の論考を加えるという形で書籍化してきた。今手にしていただいているのは（ありがとうございます）その 8 冊目にあたる、2019 ～ 2020 年度の成果をまとめたものである。ちなみにこれまで以下のタイトルで創文企画より出版されてきた。

　第 1 期　2012～2013　スポーツマネジメント教育の課題と展望
　第 2 期　2013～2014　グローバルスポーツの課題と展望
　第 3 期　2014～2015　スポーツリテラシー
　第 4 期　2015～2016　スポーツ・ファン・マネジメント
　第 5 期　2016～2017　スタジアムとアリーナのマネジメント
　第 6 期　2017～2018　スポーツ・エクセレンス　スポーツ分野における成功事例
　第 7 期　2018～2019　スポーツと地方創生
　第 8 期　2019～2020　スポーツガバナンス

　こうしてみると各年度のテーマ設定には、研究会メンバーのその時々のスポーツに対する問題意識、いわばジャーナリスティックな視線が反映されていたように思える（ここで言う「ジャーナリスティック」とは「時代性や日常性に対して意識的である」というような意味である）。それは研究会のメンバー構成が研究者を中心としながらも、同程度の割合でスポーツ組織などの経営に直接関わる実務者や、スポーツにとっての重要なステークホルダーである自治体、メディア、一般企業等、スポーツマネジメントの現場により近い立場の人々が数多く参加していることも大きく関係しているのではないだろうか。

私はこのアカデミックでありながら、同時にジャーナリスティックであるという、互いに方向性が異なり、本質的には相矛盾する性格を持つこの2つの要素が、いわば mixture された状態のまま微妙なバランスを持って維持され続けているところがこの研究会の特徴であり、重要な価値であると考えている。この点に関してはこの研究会の世話人である武藤泰明先生によるメンバーの人選と、プロデュース力、そしてパーソナリティーに負うところが大きいと考えており、この場を借りて、研究会メンバー全員を代表して（勝手に異論はないとする）感謝したい。

　研究会では、時には全くスポーツとは無関係の、しかしその回のテーマに於いてはその分野の専門家である方などを含め、実に多様な立場の方々が、皆自由に自分の知見を語ってくれる。だから議論はいつも活気に満ち、時に白熱し、脳は活性化し、とにかく楽しく、実に勉強になる。参加した人達は、多くの気づきを得たと同時に、より沢山のクエスチョンマークを抱えながら家路につくことになるのではないだろうか。この研究会においては、皆が正しいと認める正解や、シンプルで解りやすい回答など誰も求めていない（ように見える）ところが素晴らしいと思う。

　さて、今回のテーマは「これからのスポーツガバナンス」である。これはまたずいぶんとジャーナリスティックなテーマ設定であると多くの人が感じるかも知れない。正に昨年6月、スポーツ庁より「スポーツ団体ガバナンスコード」が示されたのと同じ頃、2019年度の第1回研究会が行われたように記憶する。

　しかし中身をご覧になっていただければ明らかなように、今回もこの研究会の「スポーツガバナンス」についての視野はかなり広く、多様である。日本のスポーツ界がスポーツガバナンスコードの理解とその対応でざわざわするであろうこのタイミングで、むしろそもそもスポーツを govern するとはどういう事なのか、一体それは何を目指しているのか、等のより本質的な事柄について、様々な観点から捉え、考え、問題を提起する必要があるのではないか、というところに我々の認識はあったのだと思う。つまりジャーナリスティックであり、アカデミックなのである。

　私自身は当初「ガバナンス」という言葉にナイーブな反発を感じてしまい、例によってひねくれた姿勢でいたのであるが、第1回のスピーカーをお願いした松本泰介氏の資料の中に IOC と欧州委員会のガバナンスコードが紹介されており、その内容を見て大変驚き、ガバナンスというものを考え直した経緯がある。最後にそのことについて簡単に触れさせていただきたい。

IOC のガバナンスコードに当たる、Basic Universal Principals of Good Governance of the Olympic and Sports Movement には、その最初に VISION, MISSION AND STRATEGY の項があり、VISION として The vision and overall goals of the organizations have to be clearly defined and communicated. と示されている。これに続いて Mission として 8 つの項目が挙げられている。

また、欧州委員会の PRINCIPLES FOR THE GOOD GOVERNANCE OF SPORT IN THE EU では、その前文に続いて CLARIYT OF PURPOSE/OBJECTIVES の項があり、その最初の Role, function and objectives として Absolute clarity on the proper role, function, responsibilities and objectives of sports bodies is a critical first step to good governance. It is not possible to establish the appropriate governance arrangements for a sport body if there is no clarity of purpose. と書かれている。

どちらも同じことを言っている。それはスポーツ組織は、その存在価値を明らかにして、その目指すところをミッションやビジョンとして社会に明確に提示せよ、と言う事である。欧州委員会では「スポーツ組織に明確な目的が存在しなければ、適切なガバナンスは不可能である」とまで言っている。

そしてご存知の通り、スポーツ庁のガバナンスコードも、その「原則 1」として「組織運営の基本計画を策定し公表すべきである。」と示し、ミッションやビジョンとその実現に向けた戦略の策定が必要不可欠である、と述べている。

存在価値、組織の目的、ミッション、ビジョン。我々は何者であり、何を目的に、何を行うのか、それはなぜか…。言うまでもないが、これらは組織経営の基本中の基本である。そしてこれがガバナンスの 1 丁目の 1 番地であると明確に示されているのである。

正にその通りである。しかしこれこそが日本のスポーツに決定的に欠けているものである、という事を私はひたすら言い続けて来たような気がする。

卒直に言えば、ガバナンスなどというものを持ち出される前に、日本のスポーツ組織は内発的にこの事に取り組むべきだった。しかし今となっては仕方がない。これを契機に多少なりとも自分たちの過去と現在を振り返り、将来の姿について真剣に考え、議論を始めて欲しいと願う。

折も折、新型コロナウィルスの蔓延が世界を、あらゆる社会システムを、人の暮らしを、人の心を、そしてスポーツに、巨大な影響を与えている。一方、既にコロナ後に向けて「新しい生活様式」への問いかけも始まっている。そこにおけるスポーツは、日本のスポーツは、一体どんな存在になろうとするのか、それは

何故か。

「時間よ、止まれ」と祈りたい気分である。

2020 年 6 月　　町田　光

これからのスポーツガバナンス

CONTENTS

7 早稲田スポーツのガバナンス 101
—競技スポーツセンターの活動を中心に
石井昌幸

8 総合型地域スポーツクラブのガバナンス 115
南木恵一

9 大相撲の外国人年寄をめぐる論点整理 127
武藤泰明

1

中央競技団体に関する
スポーツガバナンス再考
—法学からの整理

松本泰介 （早稲田大学）

1. はじめに

　2018 年の日本においては、カヌー、大相撲、レスリング、アメリカンフット
ボール、ボクシング、体操、バスケットボールなどでの不祥事が大きく報道され
た。このような不祥事を受けて、2018 年 6 月に、スポーツ議員連盟は「スポーツ・
インテグリティの体制整備の在り方の検討に関するプロジェクトチーム」を発足
させ、同年 9 月、有識者によるアドバイザリーボードを設置し、同年 11 月に「ス
ポーツ・インテグリティ確保のための提言」を文部科学大臣に手交した。この提
言を受け、スポーツ庁は、同年 12 月、「スポーツ・インテグリティの確保に向け
たアクションプラン」を発表し [1)]、その上で、スポーツ庁長官が主宰し、日本オ
リンピック委員会（JOC）など統括団体等の長を構成員とする「スポーツ政策推
進に関する円卓会議」を設置し、2019 年 6 月 10 日には、「スポーツ団体ガバナ
ンスコード〈中央競技団体向け〉」の策定に至っている [2)]。

　しかしながら、前提となる日本の中央競技団体を中心としたスポーツガバナン
スについて十分な研究が行われているのか、これまでのガバナンス強化に関する
日本の法政策の検証が行われているのか、と問われると、少なくとも筆者が専門
とするスポーツ法学の分野においては、十分に行われてきているとは言えない。

　そこで、本稿では、日本の中央競技団体におけるガバナンス強化に関する法政
策を振り返りながら、その課題を検討してみたい。これまでの日本の法政策に関
しては、筆者も関与したものもある中で、過去の課題はすなわち筆者の未熟さに
よるものであるが、これまでの反省をこめて検証を行う。

なお、本稿は、法やルールの内容を研究対象とした法学をバックグラウンドとした検証である。スポーツに関する「ガバナンス」概念については、社会科学の分野で、これまで多様な議論がなされてきている[3]。筆者は、スポーツ組織におけるガバナンスとは、スポーツの価値増大のための権限と責任の分配の仕組みであると考えており[4]、特に「ガバナンス」概念が「統治」と訳され、「統制・監視・管理」の概念とされていることに強い違和感があるが、本稿では、中央競技団体のガバナンス強化のための法やルールの内容として、「ガバナンス」を捉えていることをご容赦いただきたい。

2.　これまでのガバナンス強化に関する法政策

　特に日本の中央競技団体のガバナンス強化が叫ばれるようになったのは2000年代からである。これは単純に1990年代、2000年代の企業不祥事対策が叫ばれるようになったことを受けたものに過ぎない。2000年代は、日本テコンドー連盟団体分裂問題（2004年）、日本スケート連盟不正経理問題（2006年）など、メディアも大きく注目する不祥事が続々と発生した年代であった。

　そこで、このような不祥事が発生した2000年代以降で、中央競技団体のガバナンス強化のために、どのような法政策が主に取られてきたのか、簡単に振り返ってみることにする。

2-1　公益法人制度改革（2008年）[5]

　日本の中央競技団体のガバナンス強化にあたって、近年最も大きかった法政策は、公益法人制度改革だろう。スポーツ組織だけを対象にしたものではないが、日本の多くのスポーツ組織のガバナンス強化に大きな影響を与えた。

　元々日本の中央競技団体のほとんどは民法上の公益法人として設立されていた。民法上の公益法人制度は、主務官庁の許可制度に依存し、機関設計や組織の透明性について十分な定めはなく、さまざまな問題点が指摘されていた。この公益法人制度が抜本的に改正され、一般社団法人及び一般財団法人に関する法律（一般法人法）、公益社団法人及び公益財団法人の認定等に関する法律（公益法人法）などが定められた。主な変更点は、法人格取得と公益認定の切り離し、準則主義による登記での設立、主務官庁制廃止と公益認定要件による公益認定、法人の自主的、自律的な運営などである。

このような結果、中央競技団体においても、一般法人となることに伴い、業務執行者としての理事、社員総会、評議員会、監事などの機関の設置、事業年度ごとの計算書類、事業報告などの作成、社員や評議員への開示、貸借対照表の公告などが求められることとなった。既に施行されていた特定非営利活動促進法（NPO法人法）も含め、最低限の機関設計、これに伴う相互牽制、計算書類の作成、公表が達成されることは、日本の中央競技団体のガバナンス強化に資することになっている。

公益法人改革によるガバナンス強化について重要な視点は、主務官庁による一括管理、ルール遵守という前提から、法律上は最低限の規制のみ定め、スポーツ組織自らルール整備、遵守を行うことになったという変更点にある。政府によるガバメントから、機関分化による権限と責任の分配や相互牽制、説明責任の実施などによる合理的かつ適正な運営が求められることになったのである。中央競技団体自体の理事や監事が相互牽制することにより、組織不祥事の防止を図ることについては、少しは効果は出ただろう。

その後、公益法人となった中央競技団体については、公益認定等委員会からの勧告や処分などが具体的に行われることによって、法律上最低限定められた適正な運営が求められることになったため、一般法人法、公益法人法による適法な運営を達成するという意味でのガバナンスは実現されてきているといえる。

なお、このような法人制度が日本において各スポーツを統括する中央競技団体の実態や適正な意思決定に合致しているかは後述のとおり、課題は残っている。

2-2 スポーツ立国戦略（2010）[6]

今となっては意外と取り上げられることが少なくなったが、2010年8月に文部科学省により決定されたスポーツ立国戦略も重要である。重点施策として、「スポーツ界における透明性や公平・公正性の向上」が掲げられ、特に「スポーツ団体の組織運営に関するガイドラインの策定」も主な施策として定められた[7]。

2-3 スポーツ基本法の施行（2011）[8]

2011年8月に施行されたスポーツ基本法においては、スポーツ振興法では定められていなかったガバナンス強化の項目として、第5条において、スポーツ団体（スポーツの振興のための事業を行うことを主たる目的とする団体）の努力義務が新設された。

具体的な内容としては、「スポーツ団体がスポーツの普及及び競技水準の向上に果たすべき重要な役割に鑑み、新たにスポーツ団体の努力を規定したこと。また、スポーツ団体は、スポーツの振興のための事業を適正に行うため、その運営の透明性の確保を図るとともに、その事業活動に関し自らが遵守すべき基準を作成するよう努めること、スポーツに関する紛争について、迅速かつ適正な解決に努めるものとしたこと。」とされている。

2-4 文部科学省における第1期スポーツ基本計画（2013）[9]

2013年度から第1期スポーツ基本計画においては、上記スポーツ立国戦略やスポーツ基本法の内容を踏まえ、施策のひとつとして、「ドーピング防止やスポーツ仲裁等の推進によるスポーツ界の透明性、公平・公正性の向上」が掲げられ、特に、「スポーツ団体のガバナンス強化と透明性の向上に向けた取組の推進」が定められた。

2-5 文部科学省における第2期スポーツ基本計画（2017）[10]

2017年度からの第2期スポーツ基本計画においては、第1期スポーツ基本計画を踏襲し、施策のひとつとして、「クリーンでフェアなスポーツの推進によるスポーツの価値の向上」が掲げられ、特に「コンプライアンスの徹底、スポーツ団体のガバナンスの強化及びスポーツ仲裁等の推進」が定められた。

2-6 スポーツ団体ガバナンスコード〈中央競技団体向け〉

前述のとおり、2018年に続発した中央競技団体における不祥事を受け、スポーツ庁は、同年12月、「スポーツ・インテグリティの確保に向けたアクションプラン」を発表し、その上で、2019年6月10日には、「スポーツ団体ガバナンスコード〈中央競技団体向け〉」を策定した。当該ガバナンスコードは、13の原則、34の項目からなっている。これらの項目に関する適合性審査が統括3団体により4年ごとに行われるほか、各中央競技団体は、適合状況についての自己説明、公表を毎年行うことが要求されている。なお、当該ガバナンスコードは、すべての項目への遵守が求められているものではなく、遵守できていない場合又は適用されない場合でも、その理由について合理的な説明が行われるかが問われている（コンプライオアエクスプレインという手法が取り入れられたとされている）。

3.　これまでのガバナンス強化に関する法政策における課題

　以上が日本の中央競技団体のガバナンス強化をめぐる、近年の主な法政策である。基本的に、中央競技団体の自治を広く認め、法政策としては、あくまで中央競技団体自らによるガバナンス強化対応をサポートする形で施策が実施されていたものの、スポーツ団体ガバナンスコードの策定にあたっては、スポーツ庁や超党派スポーツ議連が関与し、国家や統括団体の関与が強くなったのが大きな特徴である。

　そこで、日本の中央競技団体のガバナンス強化をめぐる日本の法政策に関する、筆者が考える若干の課題を整理したい。

3-1　ガバナンス強化の目的

　1つ目の課題としては、日本の中央競技団体のガバナンス強化が、大きな不祥事が発生するたびに対策が講じられてきた経緯から、その主な目的が不祥事対策とされ、ガバナンス強化の本来の目的がないがしろにされている点である。これは、前述のとおり、ガバナンスという用語が日本では「統治」などと訳され、「統制・監視・管理」の側面が全面に出てしまっていることも原因のひとつである。

　本稿において、ガバナンスとは、スポーツ組織における権限と責任の分配の仕組みと考えている。そして、民間組織においては、その組織運営における権限と責任を分配することにより、組織運営の効率性と健全性を達成するための仕組みであり、不祥事対策はその一部に過ぎない。そして、海外の著名なガバナンスガイドラインである、国際オリンピック委員会（IOC）の Basic Universal Principles of Good Governance of the Olympic and Sports Movement（2008）[11]（以下「PGG」という。図1参照）や、欧州委員会（EU）Expert Group on Good Governance の PRINCIPLES FOR THE GOOD GOVERNANCE OF SPORT IN THE EU[12] においても、それぞれの原則に掲げられた項目を見れば、不祥事対策はむしろ一部に過ぎない。IOC の PGG は、IOC の現会長であるトーマス・バッハ氏がオリンピックムーブメントの自立性を保持するためにこのような原則を掲げた経緯があり、不祥事対策が主眼にされたものではない[13]。

　また、各国のガバナンスコードの変遷を検討すると、たとえば、イギリスでは、ボランタリーなガイドラインである「Things to Think About」（TTTA）

INTERNATIONAL
OLYMPIC
COMMITTEE

Basic Universal Principles of Good Governance of the Olympic and Sports Movement
Seminar on Autonomy of Olympic and Sport Movement, 11- 12 February 2008

"All members of the Olympic Movement should adopt, as their minimum standard, the Basic Universal Principles of Good Governance of the Olympic Movement, as proposed by the IOC"
(Extract of the Olympic and Sport Movement Congress Recommendation 41)

Page 1

図1

がSport Englandにより提示されていたものの[14]、2017年にUK Sportによって義務的なガイドラインとしての「A Code for Sports Governance」が設定された[15]。また、オーストラリアでは、2002年にガバナンスガイドラインである「Sports Governance Principles」が設定され、2007年、2012年と改訂されたものの[16]、2015年に義務的なガイドラインとしての「Mandatory Sports Governance Principles」が設定された[17]。

このようなガバナンスコードの変遷では、包括的あるいはボランタリーなガイドラインが義務的なガイドラインに変わっていく様が見てとれるが、その背景には、国庫資金投入の前提としての最低限のガバナンスとして、国家資金の効率的な使用が求められている事情がある。

日本でも、スポーツ庁と経済産業省がスポーツ未来開拓会議を設置し、スポーツ産業の活性化に向けて政策が実施される中で、それぞれのスポーツを統轄する中央競技団体の機能は極めて重要である。そして、この機能が十分に発揮される

ためには、中央競技団体の活動が効率的に行われるようガバナンス強化を図らなければならない[18]。

また、既に2020年以降、財務省からスポーツ国家予算削減が強く推進されるであろう中で、中央競技団体における人材および資金の効率的運営が最も重要な課題になることが目に見えている。ガバナンス強化の目的も、不祥事対策だけでなく、組織運営の効率性に主眼を置いていくべきだろう。

3-2 中央競技団体の組織特質

2つ目の課題としては、中央競技団体のガバナンス強化を検討する上で、中央競技団体の組織特質をもう一度見つめなおす必要がある。

スポーツ庁が発表したスポーツ団体ガバナンスコード〈中央競技団体向け〉においては、中央競技団体の特徴として、①トップレベルの選手や指導者以外にも、多くのステークホルダー（利害関係者）が存在する、②唯一の国内統括組織として対象スポーツに関する業務を独占的に行っている、③各種の公的支援の対象となっている、などがあげられ、中央競技団体が高度なガバナンスを求められる理由とされている。中には、上場企業以上のガバナンス強化が求められるという意見もある。

しかしながら、これだけではガバナンス強化のための理屈として、中央競技団体の組織特質の一部を都合よくピックアップしただけだろう。むしろ中央競技団体のガバナンス強化においては、バランスよく中央競技団体の組織特質を見極める必要があるだろう。

忘れてはならない1つ目の特質は、民間団体である、という点である。中央競技団体は公的支援がなされていることなどから、よく行政機関と同様のような取扱いがなされる。確かに、その機能は行政機関に類似していると思われる[19]が、あくまで類似にすぎない。その設置に関して法律上の根拠が求められる行政機関ではなく、あくまで民間が設立した団体に過ぎないため、あくまで民間団体としてどのようなガバナンス強化を行うかという点を検討する必要がある。一方的にスポーツ庁がルールを定めて、それを遵守させるだけではガバナンス強化にならないのである。民間団体における私的自治の原則からは、自ら定める規程やルールにしたがって、自らの組織のガバナンス強化を図る必要がある[20]。また、公的支援といっても、中央競技団体の多岐にわたる事業のうち、一部の事業に公的支援がなされているだけであって、一部の事業に公的支援がなされていることだ

けをもって中央競技団体全体が行政機関と同様のように取り扱われるのは理論的根拠を欠くだろう。

2つ目の特質は、スポーツ団体であるという点である。スポーツ団体、特に中央競技団体が他の団体と最も異なる点は、そのスポーツが存続する限り、当該スポーツの普及、振興、競技力の向上のために存続し続けなければならない組織という点である[21]。企業であれば、その提供する商品・サービスを終了する場合、自ら事業を終了することができるが、中央競技団体は、そのスポーツが存続し、競技者や指導者などの登録者が存在する限り、事業を終了できない。このような一般の組織にはない特質を踏まえながら、ガバナンス強化を検討する必要がある。

したがって、中央競技団体のガバナンス強化にあたっては、単純に高度なガバナンスレベルを求めるだけではなく、その組織特質を十分に見極め、検討する必要がある。

3-3 スポーツガバナンスとコーポレートガバナンスの混同

3つ目の課題としては、日本の中央競技団体のガバナンス強化としてコーポレートガバナンスの手法を参考にすることが多いものの、スポーツガバナンスをコーポレートガバナンスと同様のものと捉え、その違いを十分に認識できていないことである。これは日本におけるスポーツガバナンス研究が進んでいないこと、これに伴う筆者を含めた日本のスポーツ法曹関係者のレベルでもあるため、非常に心苦しい。筆者自身もスポーツガバナンスとコーポレートガバナンスの違いを日頃から注意しているつもりではあるものの、実際、堀（2014）は、国外のスポーツガバナンス研究と日本のスポーツガバナンス研究を比較し、日本のスポーツガバナンス研究において、コーポレートガバナンスとスポーツガバナンスの関係が明確になっているのか、コーポレートガバナンスやマネジメントの範囲で議論できること、であると痛烈に批判している[22]。

2019年のスポーツ団体ガバナンスコードの策定においても、日本版コーポレートガバナンスコードが議論の前提とされ、その手法である「コンプライオアエクスプレイン」などを参考にしている。コーポレートガバナンスは、会社という株主からの資本出資に基づく営利追及の組織を前提とし、代表取締役、取締役会、監査役、株主総会に基づく機関の分化（所有と経営の分離）、相互牽制も、会社の所有者である株主という存在が前提となっている。また、日本版コーポレートガバナンスコードの発想である「コンプライオアエクスプレイン」は、イギリ

スとの 1990 年代からのコーポレートガバナンス改革における手法が前提になっている[23] が、これもまた、会社と株主間の牽制関係を前提とした考え方である。会社の経営を委任された取締役会、代表取締役が会社の所有者である株主に説明する、という牽制関係の中で、会社の適正な経営を促そうという仕組みである。

　しかしながら、日本の中央競技団体にとって、ガバナンス強化のために、このような牽制関係をどこに求めるべきなのだろうか。スポーツ競技者や指導者など、中央競技団体の登録者なのか、日本オリンピック委員会（JOC）などの統括団体なのか、それともスポーツ庁を監督官庁とした国なのか、である。すなわち、スポーツガバナンスとは、コーポレートガバナンスのような基本的に会社と株主間の牽制関係を前提としたものではなく、さまざまなステークホルダーとの牽制関係から検討されるべきものであり、ここに大きな違いがある[24]。

　たとえば、前述の IOC の PGG においては、民主制のほか、政府との調和的関係と自律性を項目として含んでいる。また、EUEXGG の Principles of good governance in sport においても、ステークホルダーの位置づけや民主主義などの項目が示されている。堀（2014）では、このような原則に触れながら、「1990 年代に IMF と世界銀行が使い始めたグッドガバナンスを、2000 年国連ミレニアムサミットにおいて採択された『国連ミレニアム宣言』を経て、スポーツ分野に相応しく内容を豊富化しつつ、国際的な価値基準にまで高められようとしている」と指摘している。スポーツガバナンスがコーポレートガバナンスとは大きく異なるものとなっていることを認識できなければ、前述のとおり、日本の中央競技団体における具体的なガバナンス強化を十分に検討することができない。

　したがって、今後のスポーツガバナンスに関する議論においては、コーポレートガバナンスに関する議論との差異や、スポーツガバナンスそのものが何を求めるものかを十分に検討する必要がある。

3-4　中央競技団体内の相互牽制における課題

　4つ目の課題としては、3つ目の課題に続く課題であるが、中央競技団体におけるガバナンス強化を相互牽制により達成する場合、中央競技団体の理事などの業務執行者に対して牽制関係にすべきは誰なのか、ということである。株式会社であれば、これは会社の所有者である株主であり、非常にわかりやすい。業務執行において重要な地位である監査役や社外取締役も、株主総会において株主から選任されることになっているため、制度上株主からの牽制が利く。特に株式を上

場する企業であれば、所有と経営の分離が更に明確になり、業務執行者とは別の機関投資家が大きな影響力を持つため、このような牽制関係が機能する。

しかしながら、日本の中央競技団体の法人形態である一般法人は、理事の業務執行に関して、社員や評議員による牽制を利かせることにより、業務執行上の効率性、健全性を達成しようとするのであるが、この社員や評議員については、法律上特段要件は定められていない。実態としては、社員や評議員は、加盟団体である地方組織にはなっているものの、そのトップや出身者が中央競技団体の理事を務めていることもあり、業務執行を適正に牽制できる関係になっていない。

現状の日本のスポーツ団体ガバナンスコードでは、外部理事の登用によって、相互牽制の枠組みを作ろうとしているが、社員や評議員の実態が加盟団体の地方組織であったりすると、たとえ外部理事であったとしても、加盟団体の地方組織の集まりである社員総会や評議員会から選任される以上、相互牽制の前提を欠くことになろう。理事の選任について役員候補者選考委員会を設置することもこれまでも行われているが、委員自体を中央競技団体が選定するため、十分な第三者性はなく、完全には機能しないだろう。実際、現状既に外部理事の導入は進んでいるが、外部理事の人的素養に依存しており、抜本的なガバナンス強化にはつながっていない。

ひとつの方策としては、法律上相互牽制が期待される社員や評議員に、十分な民主制を取り入れることが考えられる。現状の中央競技団体におけるガバナンス強化として相互牽制が機能しないのは、意思決定の仕組みにおいて、スポーツ界の民主制が徹底されず、中央競技団体の業務執行者の近しい者だけで運営されているためである。和や忖度を尊ぶ日本社会において、近しい者の運営だけでは、法律本来の趣旨である相互牽制を達成することは困難である。

これは日本の公益法人制度の盲点と言えるかもしれない。というのも、日本の一般法人はそもそも法律上の社員や評議員を一部に限定することが可能であり、それとは別に登録者としての構成員を設けることを許容している。具体的には、競技者や指導者、審判などは、中央競技団体の定める登録規程などのルールによって、その活動を規律されるにもかかわらず、法律上の構成員にせず、スポーツ組織の意思決定に参加させないことが認められているのである。スポーツの主権者は誰なのか、という問題でもあるが、この点は、今後の法政策検討としても十分に検討すべき課題である[25]。

とすれば、業務執行者への牽制としてスポーツ界の民主制を徹底するため、ス

ポーツ競技者、指導者などの登録者を法律上の構成員とすることや、中央競技団体の業務執行者をこれらの登録者による選挙制にすること（もちろん代議員制などの措置の検討も必要である）などはひとつの方法だろう。スポーツ界のガバナンス強化に関する権限と責任を明確にする意味でも、中央競技団体の中において十分に機能する相互牽制にしなければ、中央競技団体におけるガバナンス強化にならない[26]。

3-5 中央競技団体の取組みを促す施策の検討 ～ガバナンス強化の責任の所在

　加えて、5つ目の課題としては、中央競技団体のガバナンス強化の責任の所在の明確化である。今回、スポーツ団体ガバナンスコードの内容ばかりに注目が集まっているが、中央競技団体の取組みを促進させる施策がなければ、今回のガバナンスコードの策定は画餅と化すだろう。特にコンプライオアエクスプレインはコードの遵守というより、エクスプレインを行うことにインセンティブが働きがちであり、そこを食い止める必要があるだろう。我々スポーツ法曹もガバナンス強化が主眼にもかかわらず、エクスプレインの知恵だしばかりすることになるのは本末転倒である。

　この点、スポーツ団体ガバナンスコードはスポーツ庁が作成しているため、スポーツ庁がガバナンス強化の責任主体になるのかと思いきや、ガバナンスコードの適合性審査を行うのはJOCなどの統括団体とされ、これらの統括団体を最終的な責任主体として中央競技団体への指導や処分が期待されているのかもしれない。しかしながら、もともと法政策として、中央競技団体内のガバナンス強化については、中央競技団体自らが責任主体となるように制度設計を行わなければ、ガバナンス強化としての権限と責任が一致しないだろう。また、公益法人制度改革により監督官庁によるガバメントから、中央競技団体の自律的運営によるガバナンスに移行してきた経緯からしても、スポーツ庁などの国やJOCなど統括団体に最終的な責任を負わせることは、今の時代においては適切な措置とは言えない。

　この点から考えると、スポーツ団体ガバナンスコードへの適合性審査においては、JOCなどの統括団体が全ての項目をチェックする、というよりは、中央競技団体が自らの責任をもってその適合性を証明する形にすべきだろう。たとえば、アメリカでは、統括団体であるアメリカオリンピックパラリンピック委員会（USOPC）に法律上中央競技団体の認定権限が認められているが、その認定にあ

たって中央競技団体は、法律や USOPC の定款上定められた要件を満たしている事を証明しなければならない。自ら証明しなければならず、また証明した内容に虚偽が含まれた場合、中央競技団体としての資格を取り消されることは大きな不利益になる。自ら証明する義務を課すことは、中央競技団体のガバナンス強化の責任と権限を明確にし、ガバナンス強化を促進することになろう。

4. おわりに

　以上、本稿においては、日本の中央競技団体のガバナンス強化に関する法政策の現状と課題について整理を行った。今後もこのような法政策が継続する中で、スポーツガバナンス研究をさらに発展させていく必要もある。

【注】
1）　http://www.mext.go.jp/sports/b_menu/sports/mcatetop10/list/detail/1412109.htm
2）　https://www.mext.go.jp/sports/b_menu/houdou/31/06/__icsFiles/afieldfile/2019/08/30/1417895_01.pdf
3）　上田滋夢（2014）「スポーツにおけるガバナンスの視座：EU と UEFA の関係構造にみられる三次元分析概念の考察」『立命館産業社會論集』50（1），pp.173-193，大野貴司・徳山性友（2015）「わが国スポーツ組織の組織的特性に関する一考察：そのガバナンス体制の構築に向けた予備的検討」『岐阜経済大学論集』49（1），pp.21-40 など。
4）　江川（2018）は、コーポレートガバナンス自体を「ステークホルダーの利益を最大化するために、経営者に資源と利益の効率的な配分を促し、それを監督する制度」と定義する。江川雅子（2018）『現代コーポレートガバナンス』日本経済新聞出版社、参照。
5）　詳しくは https://www.gyoukaku.go.jp/siryou/koueki/pdf/pamphlet.pdf 参照
6）　http://www.mext.go.jp/a_menu/sports/rikkoku/1297182.htm
7）　この施策の具体化としては、日本スポーツ仲裁機構「NF 組織運営におけるフェアプレーガイドライン～ NF のガバナンス強化に向けて」が存在する。http://www.jsaa.jp/ws/governanceindex.html
8）　http://www.mext.go.jp/sports/b_menu/sports/mcatetop01/list/1371905.htm
9）　http://www.mext.go.jp/sports/b_menu/sports/mcatetop01/list/detail/1383695.htm
10）　http://www.mext.go.jp/sports/b_menu/sports/mcatetop01/list/1372413.htm
11）　https://stillmed.olympic.org/Documents/Conferences_Forums_and_Events/2008_seminar_autonomy/Basic_Universal_Principles_of_Good_Governance.pdf
12）　http://ec.europa.eu/assets/eac/sport/library/policy_documents/xg-gg-201307-dlvrbl2-sept2013.pdf
13）　ジャン・ルー シャプレ・原田宗彦（2019）『オリンピックマネジメント―世界最大のスポーツイベントを読み解く』大修館書店，pp.108-135.
14）　https://www.sportengland.org/about-us/governance/things-to-think-about/
15）　http://www.uksport.gov.uk/resources/governance-code

16）https://www.sportaus.gov.au/governance/sports_governance_principles

17）https://www.sportaus.gov.au/governance/mandatory_sports_governance_principles

18）経済的な競争市場におかれていない非営利組織のガバナンス強化に関する文献も参考になるだろう。Richard P. Chait, William P. Ryan, Barbara E. Taylor (2004) "Governance as Leadership: Reframing the Work of Nonprofit Boards", Wiley, 山本未生・一般社団法人 WIT 訳（2020）『非営利組織のガバナンス——3 つのモードを使いこなす理事会』英治出版, Cathy A. Trower (2012) "The Practitioner's Guide to Governance as Leadership: Building High-Performing Nonprofit Boards", Jossey-Bass, など。

19）小幡純子「スポーツにおける競技団体の組織法と公的資金」，道垣内正人・早川吉尚編著（2011）『スポーツ法への招待』ミネルヴァ書房，pp.54-55，道垣内正人（2003）「日本スポーツ仲裁機構（JSAA）」『法学教室』第 276 号，p.3，同（2008）「スポーツ仲裁をめぐる若干の論点」『仲裁と ADR』3 号，p.80，同（2008）「日本スポーツ仲裁機構とその活動」『日本スポーツ法学会年報』第 15 号，p.19，同（2011）「スポーツ仲裁・調停」，道垣内正人・早川吉尚編著『スポーツ法への招待』ミネルヴァ書房，p.65，望月浩一郎・松本泰介（2009）「スポーツ団体におけるコンプライアンス」『自由と正義』60 巻 8 号，p.68 以降や，松本泰介（2011）「スポーツ団体」，日本スポーツ法学会編著『詳解スポーツ基本法』成文堂，p.143 以降。

20）松本泰介（2016）「スポーツ団体のガバナンス（スポーツと法の関わり）」『法学教室』第 432 号，pp.75-79.

21）前掲日本スポーツ仲裁機構（2014）「NF 組織運営におけるフェアプレーガイドライン～ NF のガバナンス強化に向けて」，p.29.

22）堀雅晴（2014）「ガバナンス論研究の現状と課題：「スポーツのグッドガバナンス」に向けて」『体育・スポーツ経営学研究』27（0），pp.5-21.

23）林順一（2015）「英国コーポレートガバナンスの特徴とわが国への示唆」『証券経済学会年報』第 50 号別冊，pp.1-9.

24）上田（2014）は，「スポーツにおけるガバナンスの視座」と題し，「EU と UEFA の関係構造にみられる三次元分析概念」を提示している。上田滋夢・山下秋二（2014）「スポーツ競技統括団体の経営におけるガバナンスの始原的問題：UEFA のガバナンスからの考察」『体育・スポーツ経営学研究』27（0），pp.35-53 参照。

25）日本スポーツ法学会（2011）「スポーツ団体の自立・自律とガバナンスをめぐる法的諸問題」『日本スポーツ法学会年報』18 号，pp.6-90.

26）中村（2019）は，中央競技団体の不祥事対策のための「二極分化・鼎立型」のしくみとして，スポーツ団体が，たとえば「日本版スポーツ倫理財団」といった独立性のあるチェック機関の設置を行うことを提案している。中村祐司（2019）「スポーツ団体ガバナンスの機能不全」『宇都宮大学地域デザイン科学部研究紀要』5，pp.19-34 参照。

2

テコンドー騒動から、『スポーツ団体ガバナンスコード』を考えた

佐野慎輔（尚美学園大学）

1. はじめに

　新型コロナウイルスの「パンデミック（世界的流行）」宣言をうけて 2020 年東京オリンピック・パラリンピックの開催が 1 年延期された。延期が決まる 44 日前の 2020 年 2 月 9 日、岐阜・羽島市立桑原学園体育館でテコンドーのオリンピック代表最終選考会が行われた。

　東京大会のテコンドーは男女 4 階級、計 8 階級を実施するが、日本が開催国枠として代表選手を派遣できるのは 4 階級のみ。国際大会での実績を考慮し、男子 58 キロ、68 キロ、女子 49 キロ、57 キロ級での選考となった。激しい戦いの末に代表内定を勝ち取ったのは、ボリビア生まれの男子 58 キロ級の鈴木セルヒオ（東京書籍）、同 68 キロ級鈴木リカルド（大東文化大）兄弟と、女子 49 キロ級の山田美諭（城北信用金庫）、同 57 キロ級浜田真由（ミキハウス）の 4 選手。晴れがましい表情で報道陣の取材に応じた。

　東京大会は 1 年延びたが、4 選手には、日本テコンドーの未来がかかっているといっても過言ではない。

　2019 年、全日本テコンドー協会（AJTA）は選手の協会幹部批判に始まり、運営上の不手際が露呈するなど抜本的な改革が求められた。最終的には全理事が総辞職し、年末に新体制が発足して、ようやく再生に向けて動き始めた。オリンピック代表選考会は、新生 AJTA の大きな一歩にほかならない。

　2019 年はまた、日本スポーツ界の未来に大きな意味をもつ『スポーツ団体ガバナンスコード』＝以下 G コード＝が制定された年でもある。中央競技団体の

不祥事が相次ぐなか、スポーツ・インテグリティ確保の重要性から、遵守すべき規範の策定に至った。

AJTAの不祥事露呈はGコード公表と時期を同じくし、規範の適用は2020年からとなるが、その対応を見る限りは実質"適用第1号"といえよう。AJTA改革、新体制発足にGコードを策定した関係者が深く関与したことがその証左である。

ロールモデルとしてのAJTA再生は日本スポーツの未来にも深く関わっている。テコンドー騒動の経緯を追うとともに、Gコードについて考察したい。

2. テコンドー騒動とは何だったのか？

全日本テコンドー協会（AJTA）の運営問題が表面化したのは2019年9月上旬である。同月17日から予定されていたオリンピック強化合宿を選手たちがボイコットすることが明らかになった。

参加を予定していた28選手中、じつに26選手が不参加を表明した。理由としては大きく2つあった。

2-1 コーチの指導方法に対する不満

強化合宿の指導コーチは協会から派遣されており、これまで積み上げてきた練習方法が否定され、別の方法を提示された。強化計画に狂いが生じるが、派遣コーチが大会審判員になるため逆らえない現実がある。協会派遣コーチと所属チームのコーチとのコミュニケーションが取れていない状況だ。

2-2 合宿の度に課せられる過度の自己負担

強化合宿参加は強制であり、学業や仕事を考慮しない日程だ。参加費等も自己負担で、海外遠征なども含め、たとえば全日本選手権に8連覇している男子80キロ級の江畑秀範選手でも年間約100万円の失費を強いられている。参加は強制から任意にしてもらいたいとの主張も込められた。

強化コーチと所属チームのコーチとのコミュニケーション不足は、ほかの競技団体でも聞かれる話だ。また、自己負担についてもとりわけAJTAのような小規模な競技団体では起こりうる事態である。もちろん放置してはならないが、確実なことは強化方針、強化計画等に選手側があきらかに不信感を抱いていた事実に

ほかならない。

　話は 6 月に遡る。選手側からアスリート委員会を通して、理事会に現状改善を求めた「2019 年度強化計画についての意見書」が提出された。意見は 7 項目（要約は以下の通り）に上った。

- ・強化合宿参加招集枠の拡大　⇒　従来の S 指定中心から全強化指定選手に広げる
- ・1 年間の合宿開催スケジュールの公開と任意参加の容認
- ・オリンピックまでの個人活動、オープン大会参加容認
- ・代表選手確定後、所属コーチと強化コーチとの連動
- ・公式大会前後では所属コーチと一緒に調整を行うことの容認
- ・代表チームコーチには選考された選手の所属コーチ、もしくは責任ある人材の選任
- ・選考会を勝ち上がった選手の強化活動環境の整備

　内容は至極真っ当であり、意見書では自己負担に関しても、「年間スケジュールをあらかじめ公開し」「早めに参加人数を確定する事で、自己負担金も早期に確定でき」と述べられており、協力する姿勢を示していた。この時点で協会がきちんと対応していれば今回の騒動は起こらなかったかもしれない。

　しかし、協会側は回答を保留したまま、9 月のボイコット騒動となった。ようやく「選手の皆様」に対し、「一般社団法人　全日本テコンドー協会　会長　金原昇」名義で回答があったのは 9 月 17 日、予定していた強化合宿当日だった。

　回答書は A4 用紙 6 ページ強に及ぶが、前文では回答遅れの理由を強化体制の刷新をめぐる動きにあるとしている。

　いわく、・6 月 14 日の理事会で強化委員会が回答案を作成すると承認　・しかし 6 月 30 日の総会で強化本部長、強化委員長の理事再任が拒否　・7 月 19 日の理事会で新強化体制のもとで回答と確認　・8 月 28 日の理事会で新体制が承認されて今日に至ったというものだ。

　この前文は、意見書への回答以前に選手側の不信感を増幅させた。選手側の根底にある強化体制・強化方針への不信感に協会が何ら対応しなかったことを暗に認めていた。

　6 月末の総会で阿部海将強化本部長、小池隆仁強化委員長の理事再任が否決され、強化方針の刷新が確認された。しかし、8 月 28 日の理事会で両者の理事再

任が決議され、30日の総会で再任が承認された。金原会長自身は否定するものの、関与が指摘された。回答書前文はそれを示しているとも読める。

協会は選手のボイコットをうけて強化合宿の「中止」を発表したものの、9月22日から25日、参加を希望した2名の選手によって合宿は開催された。参加したのは高校生の女子、大学生の男子選手。性別も階級も異なる選手2人だけの強化合宿に何の意味があるのか。素朴な疑問の声もあがったが、金原会長の「合宿は選手のため」「一に練習、二に練習、三に練習」という掛け声に押し切られた形だった。

金原会長の人事を壟断、独裁を指摘する声があがり、AJTAの姿勢を問う声が殺到した。同時にこの頃から会長のキャラクター、存在感からテレビ等で面白おかしく報道される事態となった。

10月1日、協会幹部と選手代表による協議会が開かれ約40人が集まったが、選手の大半は途中退席した。江畑選手は「みんな協会への信頼はない。自分たちの力で頑張ろうと切り替えていくしかない」とコメント。事実上の決裂となったが、金原会長は「選手の声が聞けて有意義な議論ができた」と述べた。

1週間後の10月8日、6時間に及ぶロングランとなった理事会では選手側の意見を支持する岡本依子副会長（2000年シドニー大会銅メダリスト）と高橋美穂理事（アスリート委員長、1992年バルセロナ大会公開競技代表）が「理事総辞職」を提案したが、金原会長が審議案件として取り上げず、会議は紛糾。高橋理事が過呼吸となり、救急車を呼ぶ騒ぎとなった。席上、小池強化委員長が辞任、金原会長は「選手の意見を吸い上げ、選手のための強化体制づくり」を明言した。しかし、これによる事態の進展はなかった。

理事会当日、スポーツ案件も取扱業務にあげている弁護士の安藤尚徳専務理事が「一身上の都合」を理由に突然辞任。25日に高橋理事も辞任、状況はますます混迷していく。

ところが、10月28日に開いた臨時理事会で金原会長が「理事総辞職」を提案。検証委員会を設けて、同委員会に組織の刷新を委ねることになった。

検証委員会がこの後、AJTAの改革にむけて動いていくのだが、注目すべきは統括団体、日本オリンピック委員会（JOC）の山下泰裕会長の強い意志である。19年6月、2020年東京大会招致をめぐる疑惑で窮地に立たされた竹田恒和前会長の辞意にともない就任した山下会長は、スポーツ界の信頼回復に活動の重きを置いた。

　統括団体のトップとしてテコンドー問題の解決は喫緊の課題であった。10月4日、金原会長と会談し、9日にも金原会長に加えて岡本副会長、高橋理事から事情聴取。柔道界の前例を示しながら「選手のためにも事態の素早い収拾」を訴えた。そして15日、極秘裏に「理事総辞職」を打診している。

　2013年、全日本柔道連盟（全柔連）強化コーチによる女子選手に対するパワーハラスメント、セクシャルハラスメント問題が発覚した。世論の指弾を浴びた全柔連は外部委員を入れた改革に取り組み、理事だった山下氏自身も新設の「改革・改善プロジェクト」の責任者として苦労した。対応が遅れて後手を踏めば、世間の批判はより強くなる。スポーツの危機という切迫した思いが、金原会長への"翻意"要請の背景にあったと考えてもいい。

3.　ガバナンス強化こそ、スポーツ強化

　「理事総辞職」を提案した金原昇会長ではあるが、本音か否か、疑問視する向きは少なくなかった。理事再選に自信を持ち、会長は退いたとしても「院政」を布くつもりではないかとの見方もあった。

　しかし11月27日、検証委員会の境田正樹委員長は「金原会長を含む現理事15人は全員、再任しません。新理事候補は10人か11人、外部から入って頂く」と発表。金原体制の退陣が決まった。

　そのとき、金原会長はこう語った。「清々しい気持ちです。境田先生にお願いしたときから、身を引くことは覚悟していました」

　弁護士で東京大学理事の境田氏を委員長とする検証委員会は4人。ほかの3人は以下の通り

・井口加奈子　弁護士
・友添秀則　早稲田大学理事・教授
・山口香　筑波大学教授

　境田氏は日本バスケットボール協会の改革に辣腕を奮い、Bリーグ創設にも関わった。井口氏は改革が目覚ましい日本フェンシング協会理事で、友添、山口両氏はJOC理事として山下体制を支える。1988年ソウル大会女子柔道52キロ級銀メダリストの山口氏は全柔連改革に奔走、友添氏は日本体育学会副会長、大学スポーツ協会理事として大学スポーツに重きをなしている。

　4人は、スポーツ庁が主導して『スポーツ団体ガバナンスコード』を制定した

ときに、スポーツ庁長官に G コード案を答申したスポーツ審議会スポーツ・インテグリティ部会の委員でもあった。山下 JOC 会長の思いとともに、「ガバナンス」あるいは「インテグリティ」へのスポーツ界の強い意志が見てとれる。

委員会発足から 1 カ月、3 回にわたって金原会長を聴取するとともに関係者 25 人からヒアリングを行った。この間、協会のスポンサー 3 社が撤退する事態が発生、会長退陣、組織の刷新は急務となった。

ここで改めて全日本テコンドー協会（AJTA）について成り立ちを書いておきたい。

テコンドー界はかつて 4 団体が林立していた。2000 年シドニー大会で正式競技となったことから、1999 年に JOC 準加盟した日本テコンドー連盟を中心に集合、代表選手をシドニーに送り、岡本依子選手が銅メダルに輝いた。

ところが 2004 年アテネ大会を前に理事長人事で紛糾、反主流派が日本テコンドー連合として独立した。JOC は参加条件を団体統合としていたことから選手が派遣できない状態となり、岡本選手は個人資格で参加。直前の騒動もあって力を発揮できずに終わった。

2005 年、長野テコンドー協会理事長だった金原氏が衆議院議員の衛藤征士郎日本テコンドー連盟会長を会長に担ぎ、AJTA 設立に至った。金原氏は常務理事に就任、08 年に会長となり、16 年、成績不振を理由にいったん辞任したが、翌年理事 9 人の投票により岡本理事を 5 − 4 で破って復帰した。

常務理事時代に不適正経理をたびたび指摘され、JOC から是正勧告をうけた。12 年に公益社団法人となったが、経理問題を期に自ら認定取り下げを求め、14 年 7 月、内閣府による公益社団法人認定取り消し第 1 号となった。お騒がせ団体であり、JOC としてもガバナンス意識の低い組織とみなし、改革の機会を探っていたといってもいい。

体制刷新にあたり、境田検証委員長はこう語っている。「ガバナンス、コンプライアンス上の問題はなかった。しかし、世間を騒がした混乱を終息しなければならない。体制を改めないとテコンドーの発展はみられない」

元国際卓球連盟副会長で日本卓球協会名誉副会長の木村興治氏を会長とする新体制が発足したのは 2019 年 12 月 26 日、オリンピックイヤーを新体制で迎えるとの思いだったか。「B リーグと同じ方法で」と境田氏が示した通り、理事を総入れ替え、新たに選任した木村氏をはじめとする 11 人の理事は全員外部人材となった。

　副会長にBリーグ、千葉ジェッツふなばし会長の島田慎二氏をすえ、弁護士でBリーグ監事の岸郁子氏が専務理事に就任した。人気も実力も低迷していた卓球を光のあたる競技に変えた木村氏を、プロバスケットボールのBリーグを軌道に乗せた島田氏と岸氏が支える。改革に成功した競技の人材を活用する方式は、サッカーのJリーグを創設し今の繁栄に導いた川淵三郎氏譲りといっていい。

　ほかにもBリーグ、日本バスケットボール協会の役員、弁護士に税理士、医師に企業経営者、大学教授と多彩。さらにオリンピアンも2人、うち常務理事となった田邉陽子氏は全柔連理事・アスリート委員長である。改革とガバナンス、調和というねらいがわかる。

　人事の刷新が発表された際、一方で「選手のあげた声の答えになっていない」という声も起きた。「ガバナンス、コンプライアンス上の問題はない」ならば選手たちの〝反乱〟は単なるわがままになってしまう。強化体制をどうするのか、についての回答もなされていないとの指摘だった。

　後者については2020年2月3日、かつて全日本選手権8連覇を達成、元日本代表コーチも務めた山下博行氏を強化委員長に選任した。オリンピック代表最終選考会はその山下強化委員長の下で開催された大会である。

　前者はこれから木村新体制が答えを出していくのだろう。今後の展開を注目していかなければならない。

　木村会長にはもうひとつ、大きな役割がある。79歳、Gコードの条件を考えれば後継体制づくりを急がなければならない。島田副会長を中心とした組織づくりになるのか、山下強化委員長が中心となるのか。今後、テコンドー・プロパーの登用も含めて、事務局改革も急務となる。

4.　Gコードは何のためにあるのか？

　Gコード、すなわち『スポーツ団体ガバナンスコード』は2019年6月10日、スポーツ庁から公表された。（都道府県連盟など一般スポーツ団体向けコードは遅れて、同年8月27日に策定、公表された）

　18年末から中央競技団体（NF）が遵守するべき規範内容の検討作業が進められ、鈴木大地スポーツ庁長官の諮問をうけたスポーツ審議会スポーツ・インテグリティ部会（友添秀則部会長以下、13部会員）が原則・規範を定めたコードを策定、答申したものである。

Gコード策定が求められた背景として、2018年に「スポーツの価値」を貶める不祥事が相次いだことがあげられる。日本ボクシング連盟の助成金不正流用や日本レスリング協会、日本体操協会で起きた強化本部長による選手へのパワーハラスメント、そして日本大学アメリカンフットボール部部員による悪質な反則タックル事件など、世間の目はスポーツのありように向けられた。

本来ならこうした場合、スポーツ界が率先して声を上げなければならない。しかしJOCや日本スポーツ協会（JSPO）、各NFからの提案はなく、超党派のスポーツ議員連盟からスポーツ庁にガバナンスコードの策定を求める提言がなされた。政治が主導する日本のスポーツ界が置かれている状況が図らずも露呈したが、こうした事態もあり、Gコード策定の必要はあった。

Gコードは13の原則から構成される。詳細は別掲だが、骨子をあげていくと、次のようになる。

・組織運営に関する中長期な基本計画を策定し公表する
・理事就任時の年齢に組織の実情に応じて制限を設ける
・原則として理事の任期は10年。10年を超えて再任がないよう再任回数の上限を設ける
・理事のうち外部出身者は25％以上、女性理事は40％以上の目標を設定、達成に向けた具体的方策を講じる
・債務情報、選手選考基準などについて適切な情報開示を行う
・弁護士や公認会計士、有識者からなるコンプライアンス委員会を設置する
・違反行為に関する通報制度を構築する
・スポーツ仲裁機構のスポーツ仲裁を使用できるよう周知する
・不祥事が発生した場合、調査体制を速やかに構築する

NFはコードに基づき「適正なガバナンス確保に向けた取組を進める」よう求められた。

統括団体であるJSPOとJOC、そして日本障がい者スポーツ協会（JPSA）は2020年からGコードに基づき、加盟団体であるNFの適合性審査を行うことも同時に決まった。各NFは4年に1度、統括団体の適合性審査を受け、毎年、ガバナンスの適合状況について自己説明し公表しなければならない。

こうした取組は、金融庁や東京証券取引所が2015年に策定した「コーポレートガバナンスコード」を規範としている。コーポレートGコードは企業経営を

管理・監督する仕組みで、株式会社の場合は株主の利益を最大限に実現できているかどうか、管理するシステムである。広い意味では「企業と社会との問題」ととらえ、ステークホルダー全体の利益を守るものだと考えられており、東証上場の規範、企業が株主に優良性をアピールし資本を集めるための手段ともなっている。

　スポーツに置き換えた場合、こうした自律的な管理・監督システムはいったい何のために、誰のためにあるのだろうか？

　もちろんスポーツ・インテグリティ（スポーツの高潔性、誠実性）を担保することによってスポーツの価値を高め、スポーツの普及に役立っていくことは間違いない。社会の理解と同調を得て地域活性化や共生社会、健康長寿社会の実現を促し、国際理解の促進に結実するという理想を語ることも可能だ。

　では、個々のNFには何か実利として得られるものがあるのか？

　少なくとも企業はコーポレートGコードを遵守することにより、資本の蓄積をめざすことが可能だ。スポーツを経済の領域と一緒に考えることはできないが、やはり実利が伴わなければ実効性に乏しくなるだろう。

　日本がGコード策定にあたり、参考にしたのは先進国・英国のスポーツガバナンスコードである。英国政府は2015年、国家スポーツ戦略「Sporting Future: A New Strategy for an Active Nation」を策定し、「身体的健康」「精神的健康」「個人の成長」「社会・コミュニティーの発展」「経済発展」に焦点をあてるとともに公的資金を受ける競技団体に適用するガバナンス原則を設けることを決めた。このガバナンス原則を遵守しなければ公的資金は受けられなくなる仕組みである。翌16年、スポーツガバナンスの国家憲章「A Charter for Sports Governance in the United Kingdom」とともに、スポーツガバナンスコード「New Code for Sports Governance」が策定された。

「構造＝組織」「人材」「コミュニケーション」「基準及び行動」「規程及び手続」の5つの原則からなるコードは、トップスポーツから地域スポーツまで投資の種類や規模によって3つの階級に分かれている。

「Tier1」は義務的要件という基本的な7つの要件のみ、「Tier3」になると5つの原則に基づく58の要件の充足が求められる。中間の「Tier2」は1より厳格だが、3までは求めていない。各NFはこうした要件を満たす努力を続けてガバナンス能力を高めるとともに、組織への資本流入を図るのだ。

　日本では出発点がコンプライアンス、社会の目への対応にあったため、投資対

象としての要件整備までは考慮されなかった。NF を守るためにも、改めて G コード遵守によるガバナンス力強化が収入増に結び付くシステム構築、スポンサーを呼び込む仕組みづくりになるよう変えていく必要があるのではないか。

こうした G コードの枠組みから国民的な人気を誇り、規模も大きいプロ野球や大相撲、高校野球が外れている。日本高等学校野球連盟関係者は「われわれはガバナンスコード以前に、厳しい基準を設けて対処している」と話す。しかし、今後の日本スポーツ界という大きな命題を考えた場合、彼ら大組織をいかに糾合していくか、考えていかなければならない。

5. 小規模組織は遵守も厳しい

日本におけるテコンドーの競技人口は約 1 万 5000 人とされる。都道府県協会の AJTA 加盟は 23、準加盟は 4 に過ぎない。

公開されている 2018 年度の収支は 1 億 6204 万 5862 円の収入に対し、支出は 1 億 5143 万 6452 万円。笹川スポーツ財団の『中央競技団体現況調査』（2014 年版）によると、調査に回答した NF の収入平均値は 7 億 5500 万円で、中央値は 2 億 7900 万円となっている。年度の差異はあるが、AJTA はあきらかに中央値以下、小規模団体と呼ばれる存在である。

事務局も正規職員はわずか 2 名で、大きな事業展開は望みようもない。ガバナンスやコンプライアンスに難ありとの指摘も人材不足に起因しているといっていいだろう。

AJTA のような小さな NF にとって G コードの厳守は覚悟のいる問題である。小規模組織では正規雇用の職員数は圧倒的に少ないため対応する範囲が狭く、とても組織のガバナンス、コンプライアンスへの対応を専門的に行うことができない。役員も人数が限られて、G コードで設定するような人材を求める事は極めて難しいのである。だからといって蔑ろにしていいわけではない。

改めて G コードを読み直すと、小規模 NF にとってコード自体が高いハードルになっていると思わざるを得ない。以下は、小規模 NF が積極的な活用を逡巡する人材登用とそれに伴う経費負担への素朴な疑問である。

疑問① 理事の再任について「原則 10 年以内」とすることで確かに人事の固定化、特定理事の強大化を防ぐことは可能だ。AJTA でいえば、金原

会長が相当する。一方で、有為な人材はどの組織でも数が少なく、年限を決めることで人材流出につながる。若くして理事に就任していれば、なおさらである。

疑問②　「理事就任時の年齢」に制限を設けたが、「多様な人材」という構成要素と矛盾しないか。下限とすれば、若い人材の登用の道が閉ざされてしまう。

疑問③　②で就任年齢に上限を設けた場合も、「多様な人材」の活用に齟齬が生まれ、仮に IOC や JOC と同様、70 歳で区切った場合、現在の日本社会が求めている「100 歳時代」の生き方と矛盾が生じる。

①、②、③ともに人材の層が厚くはない小規模 NF にとって、組織の存亡にかかわる問題である。今回、AJTA 新会長に就任した木村興治氏は 79 歳。組織運営の手腕、企画・発想力に優れ、国際人脈に通じた人物だ。年齢だけでは推し量れない。日本トップリーグ機構の川淵三郎会長も 82 歳、数々の改革を手掛け東京大会の選手村村長に就任した。

疑問④　外部理事、外部評議員の導入は組織活性化にいい結果をもたらすことは多くの前例がある。「コンプライアンス委員会」「利益相反検討委員会」の設置などでも外部委員の登用を奨励している。弁護士や税理士、有識者などを中心に組織せよとの記載があった。ただ理事、評議員はともかく、弁護士、税理士などへの費用負担はどうだろう。簡単に「ボランティアで」とは言えまい。

AJTA は新体制の理事として弁護士、税理士、大学教授など多彩なメンバーをそろえた。彼らを中心にした種々の委員会設立も可能だ。彼らはすべてボランティア。JOC と G コードを策定した部会の後押しで実現できた。背後のサポートがなければ実現できない体制である。小規模 NF には常にこうした問題、財政に関わる不安がつきまとう。

疑問⑤　小規模 NF では人材に限りがあるため、役員の「利益相反」が生じる場合もある。「ヒトとカネ」―小規模 NF の悩みの種といっていい。

ガバナンス、コンプライアンスは遵守されなければならない。不祥事が起きた場合の第三者委員会、検討委員会は規模にもよるが、2000 万円から 3000 万円単位の経費負担が必要と聞く。AJTA の場合は 120 万円程度で済んだが、これはあくまでも例外。小規模 NF には常について回る問題である。

船出した「Gコード」そして「新生テコンドー」はこれからどんな困難にあう
ことか。時にはドッグ入りして、点検や修理、改装して持続可能な航海に備えな
ければならないことはいうまでもない。

《ガバナンスコードの原則》

原則1　組織運営に関する基本計画を策定し公表すべきである。
　　　（1）組織運営に関する中長期的基本計画を策定し公表すること
　　　（2）組織運営の強化に関する人材の採用及び育成に関する計画を策定し
　　　　　公表すること
　　　（3）財務の県税性確保に関する計画を策定し公表すること

原則2　適切な組織運営を確保するための役員等の体勢を整備すべきである。
　　　（1）組織の役員及び評議員の構成等における多様性の確保を図ること
　　　　　①外部理事の目標割合（25%以上）及び女性理事の目標割合（40%
　　　　　　以上）を設定するとともに、その達成に向けた具体的な方策を講
　　　　　　じること
　　　　　②評議員会を置くNF（中央競技団体）においては、外部評議員及
　　　　　　び女性評議員の目標割合を設定するとともに、その達成に向けた
　　　　　　具体的な方策を講じること
　　　　　③アスリート委員会を設置し、その意見を組織運営に反映させるた
　　　　　　めの具体的な方策を講じること
　　　（2）理事会を適正な規模とし、実効性の確保を図ること
　　　（3）役員等の新陳代謝を図る仕組みを設けること
　　　　　①理事の就任時の年齢に制限を設けること
　　　　　②理事が原則として10年を超えて在任することがないよう再任回
　　　　　　数の上限を設けること
　　　（4）独立した諮問委員会として役員候補者選者委員会を設置し、構成員
　　　　　に有識者を配置すること

　原則3　組織運営等に必要な規程を整備すべきである。
　　　（1）NF及びその役職員その他構成員が適用対象となる法令を遵守する
　　　　　ために必要な規程を整備すること
　　　（2）その他組織運営に必要な規程を整備すること
　　　（3）代表選手の公平かつ合理的な選考に関する規程その他選手の権利保

　　　障に関する規程を整備すること

　（4）審判員の公平かつ合理的な選考に関する規程を整備すること

原則4　コンプライアンス委員会を設置すべきである。

　（1）コンプライアンス委員会を設置し運営すること

　（2）コンプライアンス委員会の構成員に弁護士、公認会計士、学識経験
　　　者等の有識者を配置すること

原則5　コンプライアンス強化のための教育を実施すべきである。

　（1）NF役職員向けのコンプライアンス教育を実施すること

　（2）選手及び指導者向けのコンプライアンス教育を実施すること

　（3）審判員向けのコンプライアンス教育を実施すること

原則6　法務、会計等の体勢を構築すべきである。

　（1）法律、税務、会計等の専門家のサポートを日常的に受けることがで
　　　きる体制を構築すること

　（2）財務・経理の処理を適切に行い、公正な会計原則を遵守すること

　（3）国庫補助金等の利用に関し、適正な使用のために求められる法令、
　　　ガイドライン等を遵守すること

原則7　適切な情報開示を行うべきである。

　（1）財務情報等について、法令に基づく開示を行うこと

　（2）法令に基づく開示以外の情報開示も主体的に行うこと
　　　①選手選考基準を含む選手選考に関する情報を開示すること
　　　②ガバナンスコードの遵守状況に関する情報を開示すること

原則8　利益相反を適切に管理すべきである。

　（1）役職員、選手、指導者等の関連当事者とNFとの間に生じ得る利益
　　　相反を適切に管理すること

　（2）利益相反ポリシーを作成すること

原則9　通報制度を構築すべきである。

　（1）通報制度を設けること
　　　①通報窓口をNF関係者等に周知すること
　　　②通報窓口の担当者に、相談内容に関する守秘義務を課すこと
　　　③通報窓口を利用したことを理由として、相談者に対する不利益な
　　　　取り扱いを行うことを禁止すること

　（2）通報制度の運用体制は、弁護士、公認会計士、学識経験者等の有識

者を中心に整備すること

原則10 懲罰制度を構築すべきである。

   (1) 懲罰制度における禁止行為、処分対象者、処分の内容及び処分に至るまでの手続きを定め、周知すること

   (2) 処分審査を行う者は、中立性及び専門性を有すること

原則11 選手、指導者等との間の紛争の迅速かつ適正な解決に取り組むべきである。

   (1) NFにおける懲罰や紛争について、公益財団法人日本スポーツ仲裁機構によるスポーツ仲裁を利用できるよう自動応諾条項を定めること

   (2) スポーツ仲裁の利用が可能であることを処分対象者に通知すること

原則12 危機管理及び不祥事対応体制を構築すべきである。

   (1) 有事のための危機管理体制を事前に構築し、危機管理マニュアルを策定すること

   (2) 不祥事が発生した場合は、事実調査、原因究明、責任者の処分及び再発防止策の提言について検討するための調査体制を速やかに構築すること

   (3) 危機管理及び不祥事対応として外部調査委員会を設置する場合、当該調査委員会は、独立性・中立性・専門性を有する外部有識者（弁護士、公認会計士、学識経験者等）を中心に構成すること

原則13 地方組織等に対するガバナンスの確保、コンプライアンスの強化等に係る指導、助言及び支援を行うべきである。

   (1) 加盟規程の整備等により地方組織等との間の権限関係を明確にするとともに、地方組織等の組織運営及び業務執行について適切な指導、助言及び支援を行うこと

   (2) 地方組織等の運営者に対する情報提供や研修会の実施による支援を行うこと

【参考】
スポーツ庁ホームページ

3

スポーツガバナンスコードと SOX 法

井上俊也 （大妻女子大学）

1. はじめに

　新型コロナウイルスの感染拡大により 2020 年に予定されていた東京オリンピック・パラリンピックは 2021 年に延期されたが、2019 年のラグビーワールドカップを成功に導き、2021 年のワールドマスターズゲームを関西で開催する日本はゴールデン・スポーツイヤーズを迎えている。またスポーツの成長産業化が謳われ、2025 年にはその市場規模を 15 兆円にしようという政府の動きもある。そのような環境にありながら、スポーツの現実を見ると個人から、チーム、競技団体に至るまでさまざまな不祥事が連続している。

　この状況の中でスポーツ庁は 2019 年 6 月に「スポーツ団体ガバナンスコード〈中央競技団体向け〉」、同年 8 月に「スポーツ団体ガバナンスコード 〈一般スポーツ団体向け〉」を策定した。これらのスポーツガバナンスコードはスポーツ界に頻発する不祥事を未然に防止するため、コーポレートガバナンスコードを導入した産業界を追随して策定されたものと考えられ、不祥事の発生を抑制することにはなるであろう。

　しかし、現在のスポーツ界に処方すべきはガバナンス（統治）よりも一世代前に話題となった内部統制ではないか、という問題意識を筆者は持っている。内部統制についてその根拠となっている SOX 法（日本では金融商品取引法の中で定められている内部統制報告制度で J-SOX と言われる）の考え方が現在の日本のスポーツ界にどのように貢献できるかを論じたい。

2. スポーツ界に頻発する不祥事

　近年のスポーツ界の不祥事はいくつかのパターンに分けられる。

　まず、グラウンド、コートの中で発生している問題としてルール違反（ドーピング、アメリカンフットボールにおける悪質タックル、野球におけるサイン盗みなど）がある。これらについては競技規則ならびに主催団体の大会規定などで罰則が規定されている。基本的にはグラウンド内外のルールでコントロール可能である。しかし、そのルール違反が選手個人の判断によるものではなくチーム、指導者の指示によるものとなると、グラウンド内外のルールだけでは対応できないケースがある。ルール違反を犯した当事者だけではなく、そのルール違反を発生させた原因を当事者以外にも求めなくてはならない。

　次にグラウンド内外で問題となるのがパワーハラスメントである。メンバーの中に上下関係のある部の中では監督、コーチという指導者と選手という関係の他に先輩後輩という関係も存在する。上位の立場にある存在が下位の立場に対してパワーハラスメントを犯すことは十分に想定できる。かつては愛の鞭と言われ、指導という範疇でとらえられていたものが、時代の変化とともにパワーハラスメントとなっており、スポーツ界も例外ではない。

　そしてグラウンドを離れた不祥事としては、選手等のスポーツ現場とは関係ないところでの不祥事、具体的には未成年の飲酒、喫煙から始まり、薬物事件、傷害事件、盗撮などの行為である。これらに関してはアスリートであるか否かに関わらず裁かれることになるが、アスリートがこのような問題を起こした場合には、社会的に注目を集める存在であることに加え、常に「スポーツしかしてこなかったから常識がない」という世間からの批判が付きまとう。

　さらにチームや競技団体における不正経理などの問題も大きく報じられる。チームや競技団体の法人格はさまざまであるが、総じて株式会社のような一般の企業等に比べれば、法人としての経理上の手続きは緩やかである。加えてスポーツ団体の場合、各人のマネジメント能力だけではなく、選手時代の実績に応じて人材が配置されることも少なくなく、組織としてのマネジメント能力の欠落につながり、不正経理などが発生しやすい原因となっている。特に中央競技団体の場合は国内唯一の組織であるため、不祥事を起こしても他の組織にとってかわられることがないため、不祥事に対する緊張感が十分でなく、規律が緩んでいることも

ある。

　スポーツ界の不祥事は今に始まったことではないが、スポーツ界が社会的にも
経済的にも大きな存在になり、パワーハラスメントに対する認識が変わってきた
こと、スポーツを巡って動く金額が大きくなってきたことなどが、社会からの注
目を集めることになった背景であろう。

3.　スポーツガバナンスコードの策定

　このような状況においてスポーツ庁は 2019 年 6 月に「スポーツ団体ガバナン
スコード〈中央競技団体向け〉」（以下「スポーツガバナンスコード〈NF 向け〉」
という）、同 8 月に「スポーツ団体ガバナンスコード〈一般スポーツ団体向け〉」（以
下「スポーツガバナンスコード〈一般向け〉」という）を策定した。スポーツ庁
はスポーツ団体のうち特に高いガバナンスの確保が求められる中央競技団体（以
下「NF」という）を対象としたスポーツガバナンスコードと、NF に該当しない
スポーツ団体を対象としたスポーツガバナンスコードに分けて議論を行った。
　スポーツガバナンスコード〈NF 向け〉によると、NF は国内において特定の
スポーツを統括し、トップレベルだけではなく「する」「みる」「ささえる」と言
った形でかかわり、全国の愛好者、都道府県協会などの地方組織を抱えている唯
一の国内統括組織である。NF は普及・振興、代表選手の選考、予算配分、各種
大会の実施、選手・審判・団体登録など各種の業務を独占的に行っている、とい
う特徴を持ち、業務運営が大きな社会的影響力を持っていることから高いガバナ
ンスの確保が求められる。また、スポーツガバナンスコード〈NF 向け〉は単な
る不祥事事案の未然防止だけではなくスポーツの価値が最大限発揮されるよう、
NF の経営基盤強化も課題としてあげている。
　スポーツガバナンスコード〈NF 向け〉には 13 の原則、基本計画の策定と公表、
組織体制の整備、組織運営規程の整備、コンプライアンス委員会の設置、コンプ
ライアンス教育の実施、法務、会計等の体制の構築、情報公開、利益相反の管理、
通報制度の構築、懲戒制度の構築、選手、指導者との間の紛争の迅速かつ適正な
解決、危機管理および不祥事対応体制の構築、地方組織等に対するガバナンスの
確保、コンプライアンス強化の指導、助言および支援、が規定されている。
　一方、スポーツガバナンスコード〈NF 向け〉に続いて策定されたスポーツガ
バナンスコード〈一般向け〉は NF 以外のスポーツ団体を対象としている。NF

以外のスポーツ団体には多くのクラブやチームに加え、市町村や都道府県の競技団体が含まれ、法人格の有無、法人形態、規模、業務内容において多種多様であるが、スポーツガバナンスコード〈一般向け〉はスポーツ基本法第2条第2項に定める「スポーツの振興のための事業を行うことを主たる目的とする団体」を対象としている。

スポーツガバナンスコード〈一般向け〉には6つの原則、適切な団体運営および事業運営、基本方針の策定と公表、暴力行為の根絶等に向けたコンプライアンス意識の徹底、公正かつ適切な会計処理、情報開示と組織運営の透明性、高いレベルのガバナンスの確保が求められる場合はスポーツガバナンスコード〈NF向け〉の個別の規定についても遵守状況を自己説明および公表、と規定されている。

4. 2つのスポーツガバナンスコードとスポーツ界の課題解決

これらのスポーツガバナンスコードであるが、不祥事事案の未然防止だけではなくスポーツの価値が最大限発揮されるようことを目的としているとスポーツガバナンスコード〈NF向け〉には記載されているものの、不祥事事案の未然防止と不祥事対応が主眼であると言える。

さて、ガバナンス、コーポレートガバナンスとは何か。そしてこのスポーツガバナンスコードに先行して策定されたコーポレートガバナンスコードとはどういうものなのだろうか。

ガバナンスは統治、コーポレートガバナンスは企業統治と訳されることが多い。統治という単語から上意下達、支配のようなイメージをもたれることが多い（松田, 2015）。江川（2018）によると、コーポレートガバナンスとは、株主をはじめ幅広いステークホルダーの利益に資する適切な意思決定を行うために、経営者を規律付ける仕組みである。企業経営の非効率性を排除して、企業価値を高めるメカニズムである。1990年代以前の日本では話題にならなかった概念であるが、1990年代以降、会社は誰のものか、という議論とともにコーポレートガバナンスという概念が議論されるようになってきた。

日本において企業は長らく共同体としてとらえられてきたが、米国流の株主主権主義の波、さらには所有と経営の分離という流れを受け、コーポレートガバナンスも企業の所有者（米国流では株主）がどのように経営者、企業を動かしていくのか、あるいは日本の伝統的な共同体的企業として経営者以下の社員を含むス

テークホルダーがどのように会社を動かしていくのか、という観点で論じられてきた。

　コーポレートガバナンスを強化することは企業価値を高めることになる一方、2008年にはリーマンショックが起こり、世界的な金融危機が生じたことから、各国はコーポレートガバナンスに関する体制整備を行った。2010年には英国において投資を行う側の責任ある行動規範を定めたものとしてスチュワードシップコード、投資を受ける側が守るべき行動規範としてコーポレートガバナンスコードの2つが制定された。この流れをうけて、日本では2015年にコーポレートガバナンスコードが制定され、2018年に改訂されている（松田，2018）。

　日本のコーポレートガバナンスコードは、1. 株主の権利・平等性の確保、2. 株主以外のステークホルダーとの適切な協働、3. 適切な情報開示と透明性の確保、4. 取締役会等の責務、5. 株主との対話という5つの基本原則から成立しており、改訂後はこの基本原則の下の原則、補充原則に手が加わり、78項目にも及ぶ。

　先述のスポーツガバナンスコード〈NF向け〉、スポーツガバナンスコード〈一般向け〉とコーポレートガバナンスコードを比較するならば、明らかにスポーツガバナンスコードはNFやスポーツ団体は誰のものか、誰が動かしているか、という観点が欠如している。これは、現在のスポーツを取り巻く問題の多くはスポーツ団体という組織の内部の問題であり、あるスポーツ団体を所有している組織や人の意図したようにそのスポーツ団体が運営されていないことによる問題ではないことを意味している。ガバナンスが機能し、経営者の意思決定が適切であっても、その意思決定が着実に実行されるためには、組織内の統制がとれていなければならない（江川，2018）。それぞれのスポーツ団体組織の価値向上のためにはステークホルダーとの関係よりはむしろ組織内部の課題を解決していくことが必要である。

　もちろん、今回策定された2つのスポーツガバナンスコードが有益であることは否定しないが、現在のスポーツ団体を巡る課題の多くは、スポーツ団体の外部とのガバナンスの問題ではなく、スポーツ団体内部の統制がとれていないことが原因であろう。社会の動きにキャッチアップしてスポーツ界も動いているが、現状の課題を解決するためにより有効であるのは2010年代から話題となっているコーポレートガバナンスという考え方とそれを具現化するガバナンスコードではなく、2000年代に話題となった内部統制という考え方とそれを具現化したSOX法である。

5. 米国の SOX 法と日本の内部統制報告制度

SOX 法とは 2002 年に制定された米国の法律であり、正式には Public Company Accounting Reform and Investor Protection Act of 2002 という名称であるが、法案を提出したポール・サーベンス（Paul Sabanes）議員、マイケル・G・オクスリー（Micheal G. Oxley）議員の名にちなんで「サーベンス・オクスリー法」と呼ばれている。この法律は企業の財務報告の信頼性を高めることを目的としたもので、会計ディスクロージャーの強化および会計監査人の監督制度の創設や独立性向上とともに不正が確実に発覚する社内システムの構築の義務化などが盛り込まれている（仁木，2014）。

この SOX 法の制定は 2000 年代に発生したエンロン事件やワールドコム事件がきっかけとなっている。これら経緯は花崎正晴が『コーポレート・ガバナンス』（2014）の中で下記の通りまとめている。

エンロンは 1985 年にインターノースとヒューストン・ナチュラルガスという 2 つのエネルギー会社が合併して設立した会社である。その後、驚異的に業績を伸ばし、1990 年代後半には「フォーチュン」誌によって米国におけるもっとも革新的な会社に選出されている。1991 年末の営業収入は 57 億ドルであったが、2000 年末の決算では 1000 億ドルを上回り、全米で 7 位の企業となる。電力と天然ガスの分野で世界のリーディングカンパニーという地位を築いていた。しかし、1990 年代半ばからエンロンの決算報告書には数多くの関係子会社が登場し、それらの多くはケイマン諸島などの租税回避地に設立されていた。エンロンの決算報告書は複雑すぎて実態がわからず、負債が膨れている一方で、利益額に比べてキャッシュフローが少なく、2001 年 4 月に開催された投資家説明会では情報開示が不十分ということで CEO のジェフリー・スキリングが辞任している。スキリングの辞任後は前任の CEO だったケネス・レイが復帰するが、エンロンの株価は低迷し、マクロ経済の減速、同時多発テロの影響もあり、2001 年 12 月 2 日にエンロンは倒産した。負債総額は 300 億ドルから 500 億ドルと言われている。

このエンロン事件の核心は最高財務責任者であったアンドリュー・ファストウが関係会社を巧みに使い、会計操作を施して偽装決算を行っていたことにある。さらに追い打ちをかけたのがエンロンの会計監査を行っていた監査法人のアーサー・アンダーセンであった。アーサー・アンダーセンは、コンサルティングファ

ームとしてエンロンから多額の報酬を得ていたために、本来の監査業務が歪められ、粉飾決算を事実上黙認することになった。エンロンの粉飾決算が明らかになってから、アーサー・アンダーセンはエンロン関係の書類を廃棄し、訴訟や法的措置の対象になることを懸念しているという憶測が広まった。アーサー・アンダーセンは、2002年3月に起訴されて多くの顧客を失い、6月には有罪となり、破綻してしまった。また、エンロンが倒産した後に通信会社のワールドコムも粉飾決算（費用過少計上による利益水増し）が明らかになり、ワールドコムも2002年7月に破綻したが、アーサー・アンダーセンはエンロンだけではなくワールドコムの監査法人でもあった。

　このように経営者と監査法人の不正によって発生したエンロン事件であるが、取締役会によるモニタリング、内部監査組織が機能しないことが、経理担当役員やCEOの暴走を放置した。

　この企業スキャンダルへの対応策としてSOX法が策定された。SOX法は上場企業が対象であり、内部統制に関する経営者の責任と義務と罰則、内部統制の外部監査が定められている。また、エンロン事件において監査法人のアーサー・アンダーセンがコンサルティング業務も同時期に提供していたことから、監査業務の同時提供の禁止という外部監査人の独立性向上も定められた。

　以上が花崎（2014）によるエンロン事件からSOX法策定までの経緯であるが、社会学者のロナルド・ドーアは『誰のための会社にするか』（2006）の中で以下の通りSOX法を運用するコストについて言及している。

　SOX法では、不正を確実に発覚させるために、社内システムの構築を義務化している。社内システムとは社内の利益に影響するあらゆる決定、社内取引を記録し、その記録を必要な場合に外部に提出するように保存しておかなくてはならない。これらを罰則規定付きで定めているのがSOX法である。すなわち「人を疑う心」をシステム化したわけであるが、この統制・記録システムの構築は企業にとっては大きな負担である。The Economistsの2005年5月21号では全米企業（米国の市場に上場している外国企業も含む）全体の費用は1.4兆ドルと報じられ、Financial Timesの2005年1月14日号では大企業の場合、このSOX法の運用に費やさなくてはならない時間は大企業の場合、のべ2万時間から7万時間と推計されている。

　このような大きなコストが必要なSOX法であったが、米国で制定された5年後の2007年に日本でもJ-SOX（内部統制報告制度）が導入された。日本では

J-SOX 法という独立した法律ができたわけではなく、「金融商品取引法」の中で内部統制報告制度が定められた。金融商品取引法は従来の「証券取引法」の内容を大幅に改定し、それまでの「金融先物取引法」、「有価証券に係る投資顧問業の規制等に関する法律」、「抵当証券業の規制等に関する法律」、「外国証券業者に関する法律」を吸収・統合した法律で、2007 年 9 月に施行された（仁木，2014）。

　日本における内部統制報告制度は米国の SOX 法を参考にして制定され、上場企業は事業年度ごとに所属する企業グループ（米国の場合は親会社と連結子会社だけであるが日本の場合はそれらに加え関連会社も対象）に係る財務報告の内部統制について評価した内部統制報告書を有価証券報告書と併せて内閣総理大臣に提出しなくてはならない。また、この内部統制報告書は公認会計士または監査法人の監査証明を受けなければならない。そして金融庁の企業会計審議会からより詳細なルールとして「財務報告に係る内部統制の評価及び監査の基準並びに財務報告に係る内部統制の評価及び監査に関する実施基準の設定について」が作成されている（仁木，2014）。

　すでに米国ではこの内部統制にかかわるコストが膨大であることが明らかになっていたが、それでもなお日本で導入することになったのは当時の日本企業では少なからず不祥事が起こっていたことだけではないであろう。従来、日本では企業は共同体という考え方を持っていたが、それに対し米国流の企業は株主のもの、という考え方が台頭してきた。共同体であるならば、経営者以下役員、社員は悪いことをしないであろう、という性善説が揺らぎ始めたことも否定できない。日本における内部統制制度の米国との比較で特徴的な点としては、基本的要素に IT への対応が定められていることである。これは業務プロセスを IT 化したということに加え、「共同体の成員である仲間を疑う」ために IT の力を借りたということが言えるであろう。

　日本では内部統制報告制度の導入前は、規定やマニュアル類が通達という形で随時発行されていたが、必ずしも体系的には整備されていなかった。それらが導入後は体系的に整備された。また、内部監査についても導入前から行われていたが、それを経営者が評価し、その評価結果を内部統制報告書として提出することになった。一方、外部監査人も会計監査の一環として業務監査を行っていたが、導入後は内部統制の評価を検証し、内部統制監査報告書を提出することになった。

6.　日本における内部統制報告制度の成果

　日本において内部統制報告制度が導入されたのは 2008 年 4 月であるが、適用初年度に提出された 3,801 社のうち、内部統制が有効でない（＝開示すべき重要な不備がある）と評価した企業は 2.6 パーセントに当たる 100 社であった。米国の SOX 法適用初年度は 16.9 パーセントに当たる会社が重大な欠陥（日本における「開示すべき重要な不備」に相当）があると開示した（仁木，2014）。日米間の会計制度等の違いはあるが、日本の上場企業が内部統制報告制度という黒船に対して周到な準備と多大なコストをかけたことの表れであろう。

　また、有効でない理由のうち「不正の発覚」が存在した会社は 32 社である（仁木，2014）。対象とする企業の 1 パーセント未満であるが、これを内部統制報告制度の成果と考えるか、もともと日本企業において不正は起こりにくいと考えるか、意見は分かれるであろう。しかし、多大なコストをかけた内部統制報告制度は否定されるものではない。

7.　内部統制からコーポレートガバナンスへ

　このように企業活動において、経営者の意思決定が着実に実行されるために組織内の統制、内部統制ができていることは重要であり、不祥事の防止、リスク管理は企業価値の維持・向上に欠かせない。一方、企業が株主をはじめとする社内外のステークホルダーの利益に資する適切な意思決定を行うために、経営者を規律付ける仕組みがコーポレートガバナンスである。2000 年代は不祥事の未然防止ということで内部統制に力を入れてきた各企業も、次のステージになって企業価値を高めるためにコーポレートガバナンスに力を入れてきた。

　先述の通り、日本においては内部統制報告制度の導入からほぼ 10 年遅れてコーポレートガバナンスコードが導入された。欧米において導入された制度を数年遅れて導入する日本の典型的なパターンである。

8.　スポーツ界に要求される内部統制

　さて、ここまで米国並びに日本における内部統制、コーポレートガバナンスに

ついて紹介してきたが、再び冒頭の現在のスポーツ界で頻発する不祥事を考えて
みよう。そのほとんどはガバナンスの問題ではなく内部統制の問題である。

　グラウンド、コートの中で起こる不祥事は既に存在するルールに違反している
だけである。勝利至上主義などルール違反をせざるを得ない環境にその原因を求
めることもあるが、これは企業等における業績至上主義から来る不正、粉飾決算
などと同じ構図である。粉飾決算、架空売上の計上などについては内部統制が機
能していれば未然に防ぐことのできる問題であり、さらにそれが経営トップの指
示によるものであっても外部監査人による内部統制監査報告の対象となる。

　さて、勝利至上主義の弊害は誰しもが口にするが、勝利至上主義から来る歪み
を是正することが現在のスポーツ界にできるだろうか。現在のスポーツ界は現場
レベルでの反則、不正については審判、ルールが裁くことができるが、それが組
織ぐるみだった場合にはその対応は必ずしもルール化されてはいない。もちろん、
組織ぐるみの反則、不正に対するルール改正がされていないわけではない。たと
えば、サッカーにおいて、決定的な得点機を阻止したハンドなどの反則は退場処
分となるようになった。しかしながら、グラウンドの中のルールだけでは対応に
限界がある。勝利至上主義から来る監督の指示を否定する力は選手にはない。そ
れをモニタリングする力はどこに求めるべきなのであろうか。

　また、勝利至上主義の1つの表れがパワーハラスメントである。パワーハラス
メントについてはスポーツガバナンスコード〈一般向け〉には規定されているが、
パワーハラスメントを未然に防止する内部統制について踏み込んで記述すべきで
ある。

　今回策定された2つのスポーツガバナンスコードはコーポレートガバナンスコ
ードと比較すると、法務、会計等の体制の構築（〈NF向け〉）、公正かつ適正な会
計処理（〈一般向け〉）など内部統制の範疇となる点も記載されているが、あくま
でも現場レベルである。組織的な不正経理をどのように防ぐのかという点につい
ては言及されていない。もちろん、NFやそれ以外のスポーツ団体は法人格を有
していてもそれは区々であり、その法人格に応じた会計処理、監査業務が要求さ
れる。内部統制報告制度の対象となるのは上場企業であるが、上場しているスポ
ーツ団体は存在しない。正確に言えば上場企業の関連会社と位置づけられている
スポーツ団体、たとえばいくつかのJリーグのクラブは、その親会社が内部統制
報告制度の対象となり、Jリーグのクラブを運営している企業もその評価対象の
範囲となる。しかしながら、NFを含む多くのスポーツ団体はその法人格に応じ

た経理処理、監査業務しか行わず、その結果としてスポーツの地位を失墜させるような不正経理が発生している。

　2 つのスポーツガバナンスコードは NF とそれ以外に分類されているが、NF といえどもその人的資源には限界があり（笹川スポーツ財団，2019）、上場企業ですら大きなコストのかかる内部統制報告制度を必ずしも喜んで受け入れたわけではない。上場企業と同じことを求めるのは無理があるのは承知であるが、上場企業が市場を通じて資金調達をするのと同様、NF も中央競技団体としてさまざまな助成金や寄付を得ている。助成金や寄付を得ているのは NF だけではなく、地方の競技団体や各種のスポーツ団体も同様である。特に競技団体の場合、中央競技団体はオリンピック、ワールドカップ、地方競技団体は国体などに選手を派遣するというミッションを有している。助成金や寄付を得るにふさわしい団体であるかどうか、選手をオリンピックや国体に送り込むにふさわしい団体かどうか、ということを考えるならば、社会からの要求水準は上場企業同様あるいはそれ以上に高い。インテグリティという最近はやりの横文字を使う前に、10 年以上前に日本の上場企業が内部統制報告制度を導入したように、各種のスポーツ団体も同じ考え方を導入してよいのではないだろうか。

9.　おわりに─スポーツ界とガバナンス、情報公開

　本稿では不祥事が頻発している現在の日本のスポーツ界において、スポーツガバナンスコードよりもむしろ内部統制が必要であることを論じてきたが、ガバナンスという考え方がスポーツ界にどのように貢献できるかを考え、スポーツガバナンスコードに盛り込む要素がないかを最後に論じたい。そしてこれは新型コロナウイルスの感染拡大によって混乱の続くスポーツ界にもヒントとなるはずである。

　本稿の 4 項で述べたとおりガバナンスとは統治、コーポレートガバナンスは企業統治と訳されることが多いが、コーポレートガバナンスは株主をはじめ幅広いステークホルダーの利益に資する適切な意思決定を行うために、経営者を規律付けるシステムである。株主のみが経営者を一方的にコントロールするものではない。

　スポーツ団体には上下関係のあるもの（中央競技団体と地方競技団体）、所有者がはっきりしているもの（子会社に対する親会社）もあるが、これらが明確で

はないものも多い。むしろスポーツ団体はみんなのもの、地域のものということ
で、その帰属があいまいな存在となっているものも多い。Jリーグの開始にあた
り、各チームは法人格を持つことが条件となり、多くは企業内のサッカー部から
独立し、子会社としてスタートした。本来ならば、親会社と子会社という所有関
係が明確になったはずであるが、地域に根差したクラブ運営ということで、その
所有関係が後退していることも指摘できる。スポーツ団体を、所有関係が明らか
でステークホルダーを峻別できる一般の企業と同じように考えるわけにはいかな
い。したがって、スポーツガバナンスコードは、企業に対して導入されたコーポ
レートガバナンスコードとは異なり、産業界であれば内部統制報告制度で規定さ
れるような要素も多く盛り込まれているのであろう。

　ただし、スポーツ団体がどのように舵取りを行うかは、通常の企業よりも大き
な注目を集めることは少なくない。このようなスポーツ団体においてどのように
ガバナンスという考え方を導入することができるだろうか。

　ガバナンスという考え方はその組織の内外の関係者が活動の舵取りをするかを
協議するシステムである。それぞれのスポーツ組織の内部には意思決定機関があ
る。その意思決定に対し、外部が関与していくわけであるが、一例をあげると、
勝利至上主義に対する外部からの批判は絶えない。しかし、スポーツ団体にとっ
て勝利は善であり、競技規則にも勝利することを目的とすることが規定されてい
る。したがって、スポーツ団体内部の論理として勝利至上主義は組織の目的であ
る。もちろん、勝利至上主義から来る不正は容認できないが、勝利至上主義から
くる規則に反していないプレーやスポーツ団体の運営に対して、スポーツ団体の
外部は批判をすることしかできない。コーポレートガバナンスという考え方にお
ける経営者の舵取りに対する関与ができるわけではない。

　そうであるならば、スポーツ団体が外部からの批判を受ける前に、スポーツ団
体自身で勝利至上主義に関する方針を策定し、公表すればよい。スポーツ団体は
みんなのもの、地域のもの、という考え方を容認するのであれば、パブリックコ
メントによって意見、情報を募集すればよい。

　あるスポーツ団体が勝利至上主義を追求するのであれば、それに賛同するメン
バーが集まり、応援し、場合によっては財政的な支援をするであろう。逆もまた
同様である。

　ガバナンスに必要なのは情報開示である。スポーツ団体が情報開示をすること
を有益なものとしなくてはならない。企業に対して株主が開示してほしい情報は

3 点、企業実績、内部統制の状況、将来戦略である（松田，2018）。どのような実績を残し、その実績がしかるべき体制で行われており、そして企業が将来どのような方向に進んでいくのか、これらの情報を元に株主は投資判断をする。

　スポーツ団体もその収入構造はさまざまであるが、スポーツ団体は助成金、寄付などのスポンサーシップ、選手登録費や会費などのメンバーシップ、そして興行を行う場合は入場料収入や放映権料などが存在する。この中で助成金、寄付などのスポンサーシップに関してはそれを出資する側が意思決定したうえで実施されている。どのスポーツ団体に助成金を出すか、寄付を行うか、という時に何を基準として判断しているのであろうか。広告と考えるのであれば費用対効果となるが、決して媒体露出だけで判断しているわけではないであろう。スポーツを支援する際に、そのスポーツ団体あるいはそのスポーツの持つ魅力とよく言われるが、これは費用対効果という尺度では測定が困難である。

　一方、その助成金や寄付を受け取る側のスポーツ団体が、助成金や寄付が減額あるいは打ち切られて右往左往するケースもある。本稿の 4 項で紹介した通り、投資を受ける側が守るべき行動規範としてコーポレートガバナンスコード、投資を行う側の責任ある行動規範を定めたものとしてスチュワードシップコードが存在する。スポーツの世界でも同様に、助成金や寄付を受ける側がスポーツガバナンスコードを守っているかどうかを情報公開し、それに対して助成や寄付を行う否かを判断する。そして助成、寄付を行うスポンサー側は、投資家がスチュワードシップコードで定められているように責任ある行動規範を持つことになる。スポーツ団体は、自らのガバナンスの状況を情報開示することにより、持続可能な支援を受けることになるのである。

　そして現在、スポーツ界は新型コロナウイルスの感染拡大により活動の制限を余儀なくされており、競技面だけではなく、財政面でも厳しい状況にある。各スポーツ団体がそれを取り巻くステークホルダーとの間のガバナンスをどのように構築しているかで、ポストコロナの時代のスポーツ界の姿は大きく変わっていくであろう。

【引用文献、参考文献】
江川雅子（2018）『現代コーポレートガバナンス』日本経済新聞出版社.
ロナルド・ドーア（2006）『誰のための会社にするか』岩波書店.
仁木一彦（2014）『ひとめでわかる内部統制［第 3 版］』東洋経済新報社.
花崎正晴（2014）『コーポレート・ガバナンス』岩波書店.

松田千恵子（2015）『これならわかるコーポレートガバナンスの教科書』日経 BP 社.
松田千恵子（2018）『ESG 経営を強くするコーポレートガバナンスの実践』日経 BP 社.
スポーツ庁（2019）「スポーツ団体ガバナンスコード〈中央競技団体向け〉」.
スポーツ庁（2019）「スポーツ団体ガバナンスコード〈一般スポーツ団体向け〉」.
笹川スポーツ財団（2019）「中央競技団体現況調査　報告書」.

4

中央競技団体の財務状況

吉田智彦（（公財）笹川スポーツ財団）

1. はじめに

　スポーツ庁は、2020年東京オリンピック・パラリンピック競技大会などの国際競技大会において、優れた成績を挙げる競技数の増加を実現すべく、中央競技団体の行う「競技力強化」を支援する持続可能なシステムの構築に取り組んできている。2016年10月「競技力強化のための今後の支援方針（鈴木プラン）―2020年以降を見通した強力で持続可能な支援体制の構築―」では、国内の中央競技団体に対して、2大会先のオリンピック・パラリンピックでの成果を見通した中長期の強化戦略を策定し、トップアスリートの強化等を4年単位で総合的・計画的に進めることを求めた。

　2017年4月に策定された「第2期スポーツ基本計画」は、国際競技力の向上を図るために、強力で持続可能な人材育成や環境整備として、中長期の強化戦略に基づく競技力強化を支援するシステムの確立を掲げている。これを受けて、JOC、JPC、日本スポーツ振興センターは協働チームを立ち上げ、各競技団体の強化戦略プランの推進について、コンサルテーションやモニタリングなどの多面的なサポートを行ってきている。スポーツ庁は、それらの支援を通じて得た知見を、ターゲットスポーツの指定や各種事業の資金配分に関する競技団体評価に活用している。

　また、2018年度よりスタートしたスポーツ庁「スポーツ産業の成長促進事業」（中央競技団体の経営基盤強化）では、中央競技団体による競技人口の拡大、財源の多様化や競技認知度向上等に係る中期事業計画策定に関するガイドラインの

取りまとめが進められている。他方、中央競技団体には中長期的な組織のビジョンの明確化や経営力の強化を求めている。

　これら施策の共通する課題として、中央競技団体が中長期的な組織ビジョンを策定するにあたり財務状況を把握する指標や、強化戦略の実行に必要な財源確保の手段についての議論が充分になされていない点が挙げられる。スポーツ庁の競技力強化に関連する予算は、東京 2020 大会に向けて右肩上がりに増大し、2019 年度には 100 億円を計上したが大会後に同じ水準の予算を見込むのは現実的ではない。各中央競技団体は、従来からの国の支援を継続的に受けながら、東京 2020 大会後の自立的な経営の実現を見据え、収益力を自ら高める方策（＝経営基盤強化）を検討する必要がある。2019 年 6 月に策定された「スポーツ団体のガバナンスコード（中央競技団体向け）」でも経営基盤強化の重要性が示されているが、経営基盤の基礎となる財務に関しては、「財務・経理の処理を適切に行い、公正な会計原則を遵守すること」との規定に留まる。公表された競技団体セルフチェックシートにおいても、具体的な財務指標が示されているわけではない。

　本稿では、笹川スポーツ財団が行う中央競技団体の財務分析研究をもとに、国内競技団体の財政状況（資産・負債、正味財産）を示す。今後の財務分析・財務計画に新たな示唆を与える資料となることを期待したい。

2.　中央競技団体の財務状況

　日本の中央競技団体には、公益法人、一般法人、NPO 法人などさまざまな法人格が存在することから、競技団体間で会計基準および勘定科目が異なっているケースが散見される。そのため、ここでは「公益法人会計基準」に準拠する財務諸表を公表している公益法人格（公益財団法人・公益社団法人）を有した中央競技団体に分析対象を限定する。対象は、（公財）日本スポーツ協会および（公財）日本オリンピック委員会に加盟する 60 団体である（表 1）。各競技団体の財務諸表を、公益法人を監督する内閣府公益認定等委員会へ閲覧請求し、分析に必要な貸借対照表と正味財産増減計算書を取得した。

　分析の期間は、閲覧が可能な 2012 年度から 2018 年度で、年度別の団体数は、2012 年度 37 団体、2013 年度 54 団体、2014 年度 57 団体、2015 年度 59 団体、2016 年度 59 団体、2017 年度 60 団体、2018 年度 60 団体となった。2012 年度の対象団体が他の年度に比べ少ないのは、公益法人への移行期であったためである。

表1　財務分析の対象団体

【公益財団法人】（30団体）	【公益社団法人】（29団体）
合気会	全日本アーチェリー連盟（夏季）
日本アイスホッケー連盟（冬季）	日本アメリカンフットボール協会
全日本空手道連盟（夏季）	日本ウェイトリフティング協会（夏季）
全日本弓道連盟	日本エアロビック連盟
日本ゲートボール連合	日本オリエンテーリング協会
日本ゴルフ協会（夏季）	日本カーリング協会（冬季）
日本サッカー協会（夏季）	日本カヌー連盟（夏季）
日本自転車競技連盟（夏季）	日本近代五種協会（夏季）
全日本柔道連盟（夏季）	日本グラウンド・ゴルフ協会
日本水泳連盟（夏季）	日本コントラクトブリッジ連盟
全日本スキー連盟（冬季）	日本山岳・スポーツクライミング協会（夏季）
日本スケート連盟（冬季）	全日本銃剣道連盟
日本相撲連盟	日本スカッシュ協会
日本セーリング連盟（夏季）	日本スポーツチャンバラ協会
日本ソフトテニス連盟	日本ダーツ協会
日本ソフトボール協会（夏季）	日本ダンススポーツ連盟
日本体操協会（夏季）	日本チアリーディング協会
日本卓球協会（夏季）	日本綱引連盟
日本テニス協会（夏季）	日本トライアスロン連合（夏季）
全日本なぎなた連盟	日本馬術連盟（夏季）
全日本軟式野球連盟	日本パワーリフティング協会
日本バスケットボール協会（夏季）	日本ビリヤード協会
日本バドミントン協会（夏季）	日本フェンシング協会（夏季）
日本バレーボール協会（夏季）	日本武術太極拳連盟
日本ハンドボール協会（夏季）	日本ペタンク・ブール連盟
全日本ボウリング協会	日本ボート協会（夏季）
日本野球連盟	日本ホッケー協会（夏季）
日本ラグビーフットボール協会（夏季）	日本ボディビル・フィットネス連盟
日本陸上競技連盟（夏季）	日本ボブスレー・リュージュ・スケルトン連盟（冬季）
日本レスリング協会（夏季）	日本ライフル射撃協会（夏季）

（団体名50音順。括弧内は五輪競技の夏季・冬季）

　資産・負債の状況を見る貸借対照表の科目と主な内容は次のとおりである。ま
ず、資産の部に属する「流動資産」と「固定資産」のうち、流動資産は「現金預金」
「棚卸資産（貯蔵品）」「有価証券」「その他流動資産」で構成される。その他流動
資産には、「未払金」「前払金」「立替金」「仮払金等」が含まれる。固定資産は、「基

本財産」「特定資産」「その他固定資産」で構成され、特定資産には将来的な事業運営のための「特定事業準備積立基金」や、「退職給付引当資産」、その他固定資産には、「什器備品」「敷金」「建物附属設備」などが含まれる。

　正味財産の状況を見る正味財産増減計算書は、経常収益の部にかかる勘定科目（大科目）に従い、「基本財産運用益」「特定資産運用益」「会費収益」「事業収益」「受取補助金等」「受取負担金」「受取寄付金」「雑収入」「その他経常収益」の9科目に分類した。基本財産運用益、特定資産運用益は、文字どおりそれぞれの資産の運用益である。会費収益は、競技者の入会金および競技登録料のほか、社団法人における社員からの年会費が含まれる。事業収益は、中央競技団体が実施する大会事業における参加料や入場料、協賛金、講習会事業の受講料、検定料である。受取補助金等には、国や日本スポーツ振興センター、あるいは（公財）ミズノスポーツ振興財団のような民間企業が設立した公益法人からの補助金・助成金が該当する。受取負担金は、都道府県組織等の加盟団体からの分担金や、競技団体によっては強化合宿や遠征のために競技者が負担する参加費、受取寄付金は個人や民間企業からの寄付金が計上される。雑収入には受取利息および他のいずれの勘定科目に当てはまらない雑収益、その他の経常収益には公益法人会計における会計区分（公益目的事業会計、収益事業会計、法人会計）の会計区分間の振替により発生する他会計振替額と、法人独自に設定した勘定科目が含まれる。

　分析にあたり、たとえば競技登録者からの会費収入を受取負担金に計上するなどのケースも確認されたが、団体における区分を尊重し財務諸表のとおりに分類したうえで金額を算出している。なおこれら9科目は、公益法人会計ガイドラインに沿った分類であり、分析の対象としたほぼ全ての競技団体で採用されているものである。

2-1 資産・負債の状況

　図1に、貸借対照表の構成図から2018年度の中央競技団体の資産と負債の状況を確認した。60団体の資産合計は683億9,300万円で、平均は11億4,000万円である。このうち、流動資産の合計は217億2,700万円（平均3億6,200万円）であった。一方の固定資産の合計は466億6,400万円（平均7億7,700万円）で、その内訳は「基本財産合計」17.2%、「特定資産合計」63.1%、「その他固定資産」19.2%である。資産に占める割合は、流動資産が31.7%、固定資産が68.2%で、これを2016年度と比較すると、それぞれ33.4%、66.6%と固定資産が流動資産

（単位：円）

図1　中央競技団体の資産と負債の合計（2018 年度、60 団体）

の 2 倍に当たる構成比に大きな変化はない。

　負債合計は 137 億 6,500 万円で、平均は 2 億 2,900 万円である。流動負債の合計は 110 億 5,500 万円（平均 1 億 8,400 万円）で、固定負債の合計は、27 億 1,100 万円（平均 4,500 万円）である。ただし、16 団体は固定負債を保有していない。また、資産と同様に、負債に占める流動負債と固定負債の割合を見ると、流動負債が 16.1％、固定負債が 3.9％で、2016 年度と比較すると、それぞれ 17.9％、3.4％とこちらも変化は見られない。なお、短期・長期を合わせた借入金合計の負債合計に対する比率は 2.9％（2016）で、負債への依存が極めて低水準であることは競技団体の資産構成の特徴のひとつと言える。

　正味財産合計は 546 億 2,800 万円で、平均は 9 億 1,000 万円である。総資産に対する正味財産合計の比率は 80.0％であり、正味財産の保有額が相対的に高い水準となっているのも公益法人格を有する競技団体の特徴である。

　資産・負債の経年推移をみると、バランスシートの規模は拡大している。公益法人への移行が進んだ 2013 年度（54 団体）から 2018 年度の 6 年間に、資産合計は約 205 億、負債合計は約 56 億円、正味財産合計は約 148 億円増加している。競技団体はもともと負債規模の小さい経営形態の法人であるが、負債合計の成長が大きく、中でも流動負債の資金調達が進められている。他方で、資本の構成比率については顕著な変化は見られない。年度の経過とともに、正味財産比率（正味財産合計÷資産合計）は約 83％から 79％の水準に減少し、負債比率（負債÷

正味財産合計）は、約17％から25％の水準へと上昇している。また、流動比率は2013年度には225％を超えていたが、2018年度には約197％に減少した。これは前述のように、流動負債の増加が要因と考えられる。

内閣府（2018）は、2016年12月時点の国内の公益法人数は9,458団体、その内訳は公益財団法人5,308団体、公益社団法人4,150団体と報告している。その資産の合計は、公益財団法人が24兆2,015億円（平均46億円）、公益社団法人が4兆2,919億円（平均10億円）である。法人形態によって資産の規模の異なることがわかる。そこで、中央競技団体の法人格の違いを考慮した資産と負債の比較を試みる。2018年度時点の中央競技団体の法人格は、公益財団法人、公益社団法人ともそれぞれ30団体である。

公益財団法人の資産合計は636億7,000万円、負債合計は123億3,300万円、正味財産合計は513億3,600万円であった。一方の公益社団法人の資産合計は47億2,000万円、負債合計は14億3,000万円、正味財産合計は32億9,100万円であった。貸借対照表から、資産は公益財団法人が公益社団法人の13倍、負債は同じく8倍、正味財産は15倍となっている。内閣府（2018）の調査では、国内の公益財団法人は公益社団法人の6倍の資産規模であることが報告されているが、中央競技団体では、両法人格の間にはそれ以上の大きな差が生じていることがわかる。

資産について、流動資産と固定資産の構成比は、公益財団法人では、30.8％：69.2％、公益社団法人では、44.6％：55.4％である。公益社団法人がほぼ同じ割合で保有しているのに対して、公益財団法人は流動資産よりも固定資産として資産の多くを保有している。

負債・正味財産について、両法人格とも負債の水準が低く、正味財産が潤沢であることがわかる。とりわけ、公益財団法人の正味財産は、総資産に対して約80％である。調達資金のバランスを分析する負債比率を計算してみても、公益財団法人は24.0％、公益社団法人は43.5％となっており、負債よりも正味財産で運営を行なっていることが確認できる。

2-2 正味財産の状況

1）中央競技団体の経常収益

図2に、中央競技団体の正味財産増減計算書のうち、経常収益の推移を示した。公益法人への移行が進んだ2013年度の54団体の経常収益計は452億7,400万円

で、科目別の収益額が大きい順に、大会参加料や指導者講習参加料、広告収入、協賛金収入等を含む「事業収益」が 320 億 8,200 万円、競技登録者や社団における会員からの「会費収益」が 55 億 5,700 万円、国や民間企業等からの「受取補助金等」が 47 億 700 万円であった。この時点の 3 つの収入科目の対総収入比は、70.9％、12.3％、10.4％である。分析対象団体数が増えたこともあるが、2013 年10 月の東京 2020 大会開催決定の翌 2014 年度より受取補助金等の金額が会費収益を上回り、会費収益が横ばいを続けるのに対し、受取補助金等は堅調な伸びを見せている。また、2014 年度以降はほぼ全ての項目で毎年度の増加傾向を示してきた。2016 年度には事業収益が 417 億円、受取補助金等が 97 億円となり、経常収益の合計が前年より約 60 億円増加し、初めて 600 億円台に昇った。本稿の執筆時で把握し得る正味財産増減計算書の最新 2018 年度には、60 団体の経常収益計が 758 億 1,800 万円となり、収益額の大きい順に「事業収益」517 億 7,600 万円、「受取補助金」123 億 2,900 万円、「会費収益」64 億 3,200 万円であった。いずれの年度に共通してこれら 3 つの収入科目が収益全体の 9 割を占めることから、競技団体の 3 大収入源と言える。2018 年度の 3 つの収入科目の対総収入比は、順に 68.3％、16.3％、8.5％であった。2013 年度と 2018 年度を比べると約 305 億円の収益増があり、競技団体の経常収益は過去 6 年間で大きく成長していることが

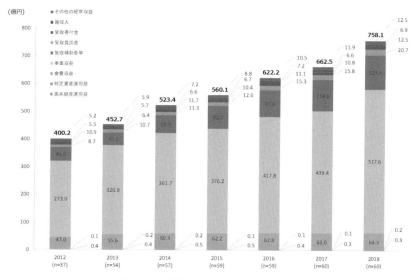

図 2　競技団体の経常収益の推移（2012 ～ 2018 年度）

わかる。特に事業収益（約196億円）と受取補助金等（約76.2億円）で顕著な増加がみられた。ただし、対象とした60団体全てにおいて事業収益と受取補助金等が大きく増加したわけではなく、一部の競技団体（サッカー、ラグビー、ゴルフ、スケートなど）が全体の成長を牽引してきたのも事実である。また、会費収益は微増に留まる。競技団体の会費は競技登録者および社団法人の社員が支払う年会費の類になるが、大きく増加も減少もない点は特徴のひとつと言えるだろう。社団法人は社員総会があり、その社員数は一定程度保たれていることが想像できる。一方の競技登録者は、通常は大会参加や公認記録のために会費を支払うため、会費収入全体が微増であるのは各競技団体が競技者の登録離れを回避するような、競技登録者増に向けた方策がとられているものと思われる。

2）法人格別の経常収益

次に、経常収益の推移を法人格別に確認する。公益財団法人の経常収益の合計は、2013年度の408億8,900万円（29団体）から、2018年度の669億5,000万円（30団体）まで約260億円の増加が見られた（図3）。前述の3大収入源の状況を見ると、「事業収益」約181億円、「受取補助金」約53億円、「会費収益」約7億円の増加で、「受取補助金」は2倍以上の金額となった。なかでも「事業収益」の伸びが顕著で、

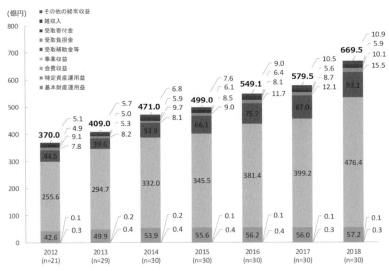

図3 競技団体（公益財団法人）の経常収益の推移（2012 ～ 2018年度）

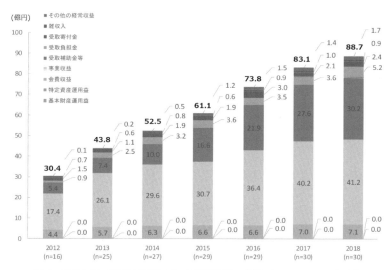

図4　競技団体（公益社団法人）の経常収益の推移（2012 ～ 2018 年度）

2017 年度から 2018 年度にかけて約 77 億円の増収があり、分析の対象期間中で最も大きい。これを押し上げたのは、サッカー（約 40 億円）、スケート（約 14 億円）、ラグビー（約 13 億円）、バスケットボール（約 8 億円）で、もともと 30 億円以上の財務規模の団体による事業活動がさらに順調な状況であったことがわかる。

公益社団法人の経常収益の合計は、2013 年度の 43 億 7,500 万円（25 団体）から、2018 年度の 88 億 6,700 万円（30 団体）まで約 45 億円の増加であった（図4）。法人格の性格上、公益社団法人の財務規模は公益財団法人と比べて小さい。3 大収入源の状況を見ると、「事業収益」約 15 億円、「受取補助金等」約 22 億円、「会費収益」約 1 億円の増加で、受取補助金等の増加が最も大きかった。事業収益と受取補助金等の総収入に占める割合も、2013 年度は 60％：17％であったものが、2016 年度は 50％：30％、2017 年度は 48％：33％、2018 年度は 46％：34％と年々その差は縮まり、補助金等の有効活用による事業規模の拡大が図られている。

3）オリンピック・非オリンピック競技団体の経常収益

経常収益の推移をオリンピック競技団体と、非オリンピック競技団体に分けて見ると、その差異の著しさは鮮明となる。図 5 はオリンピック競技団体の経常収益の推移を表している。オリンピック競技団体の経常収益計は、2013 年度の

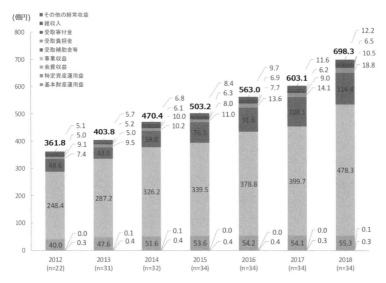

図 5 オリンピック競技団体の経常収益の推移（2012 ～ 2018 年度）

403 億 7,900 万円（31 団体）から、2015 年度には 100 億円の増収があり 500 億円台に到達した。さらに 2 年後の 2017 年度にも 100 億円の増加があり 603 億 600 万円（34 団体）を示した。2018 年度には前年から約 95 億円を上乗せ、698 億 2,500 万円（34 団体）となった。2013 年度から 6 年間で約 300 億円にものぼる増加があり、オリンピック競技団体の成長が際立つ。

　収入科目別に見ると、「事業収益」と「受取補助金等」の増加が大きく、事業収益は 287 億 1,800 万円（2013 年度）から、378 億 8,100 万円（2016 年度）、487 億 2,500 万円（2018 年度）と、2013 年度からの 6 年間で約 191 億円の増収があった。受取補助金等は、43 億 100 万円（2013 年度）から、91 億 6,300 万円（2016 年度）、2017 年度に 100 億円台に乗り、116 億 4,100 万円（2018 年度）と約 73 億円の増収があった。東京 2020 大会を追い風とした事業活動の成功と、強化目的の補助金の増額が伺える結果である。同期間の「会費収益」は約 7 億円の増収であった。

　図 6 には、非オリンピック競技団体の経常収益の推移を示した。非オリンピック競技団体の経常収益計は、2013 年度の 48 億 9,500 万円（23 団体）から、2018 年度の 59 億 9,200 万円（26 団体）まで約 11 億円の増加であった。オリンピック競技団体に比べ対象団体数が少ないとはいえ、その財務規模は 10 分の 1 にも満たない。2013 年度から 2016 年度にかけて約 10 億円の増収があったものの、以

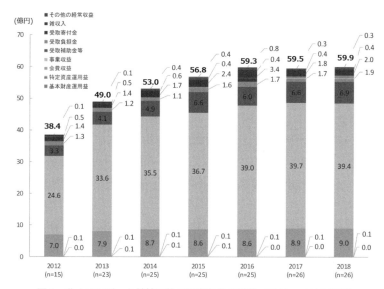

図 6　非オリンピック競技団体の経常収益の推移（2012 ～ 2018 年度）

降の 2 年間は微増に留まり約 60 億円で横ばいを続ける。増収を支えるのは「事業収益」で、33 億 6,400 万円（2013 年度）から 39 億 3,500 万円（2018 年度）と約 6 億円の増加があった。一方、オリンピック競技団体で大幅に増加した「受取補助金等」を見ると、4 億 500 万円（2013 年度）から 6 億 8,700 万円（2018 年度）と約 2 億 8,000 万円の増加で、2015 年度以降は 6 億円台で推移している。また同期間の「会費収益」は約 1 億の増収であった。

4）オリンピック夏季・冬季競技団体別の経常収益の推移

　図 7 および図 8 に、オリンピック競技団体を夏季競技団体と冬季競技団体に分けて内訳を確認した。オリンピック競技団体 34 団体のうち、夏季は 29 団体、冬季は 5 団体である。

　夏季オリンピック競技団体の経常収益の合計は、2013 年度の 345 億 2,900 万円（28 団体）から、翌 2014 年に 431 億 8,700 万円と約 86 億円の増加があった。増加の 8 割を「事業収益」が占めており、これはサッカーワールドカップ・ブラジル大会による日本サッカー協会の約 64 億円の増収である。2015 年度には、471 億 5,700 万円まで増加した。この年には、夏季競技団体の全てが公益法人への移行を済ませ、現在の 29 団体となる。2015 年度から日本ウエイトリフティング協

会が公益社団法人として活動を開始したが（前年度までは一般社団法人）、財務規模は1億6,000万円台であるため、この法人の公益法人化が全体の増加に大きな影響を与えたわけではない。増収が大きかったのはバレーボールで、前年から約16億円の事業収益増に成功し、経常収益の合計もほぼ倍増の約34億円となった。その他の夏季競技団体もこの年から徐々に事業収益が増え、数億円単位の増加の積み重ねで全体の成長に繋がった。なお、前年度に大きく事業収益を伸ばしたサッカーは、2015年度は約5億円の減収を示した。また、2015年度には「受取補助金等」の合計が68億3,200万円と、2013年度から約30億円の増加があった。2013年度期中の東京2020大会開催決定後、2014年度における2015年度スポーツ庁予算要求による補助金等の増額が実行フェーズに入ったと考えられる。

以降も夏季競技団体の経常収益計の推移は右肩上がりを続け、2016年度には520億7,700万円、2018年度には629億2,800万円と直近2年間は100億円単位で増加している。2013年度からの変化を収益科目別に見ると、「事業収益」約198億円、「受取補助金等」約59億円、「会費収益」約6億円の増加を示し、「事業収益」の増収の幅が最も大きいことがわかる。このうち日本サッカー協会の「事業収益」は、2016年度に前年から約20億円の増収ののち、2017年度には約20億円の減収、2018年度には約50億円の増収とその振れ幅が大きい。この他にも、

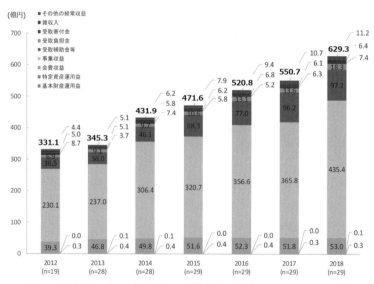

図7 夏季オリンピック競技団体の経常収益の推移（2012〜2018年度）

日本バスケットボール連盟では 2015 年度以降に毎年約 6 億円、日本ラグビーフットボール協会では 2016 年度以降に毎年約 10 億円の増収があるなど、いくつかの団体が「事業収益」を大きく伸ばしている例も見られた。

また、オリンピック競技団体・非オリンピック競技団体の比較で示した「受取補助金等」（約 73 億円）の増加の 8 割が夏季競技団体分の増加であると指摘できる。

冬季オリンピック競技団体の経常収益の合計は、2013 年度の 58 億 4,900 万円（3 団体）から、2014 年度から 2 年間は一旦減少傾向を見た。これは、2013 年度にフィギュアスケートの世界選手権が日本国内で開催されたことが主な要因で、日本スケート連盟の「事業収益」が約 47 億円を計上したことによる。2014 年度はソチオリンピックのため、「受取補助金等」が前年より約 8 億円増え、経常収益計は 38 億 5,100 万円となり、翌 2015 年度は「受取補助金等」の減少の影響で 31 億 6,900 万円となった。2015 年度以降は、毎年約 10 億円、直近の 2 年度では約 17 億円の増収がある。2016 年度を見ると、42 億 1,700 万円の経常収益計のうち、その半分の 23 億 6,800 万円はスケート 1 団体が占め、全体の「事業収益」のほぼ全ての増加分、「受取補助金等」の約 8 割の増加分は同団体のものである。2017 年度からの 2 年間の経常収益計は、52 億 3,100 万円（2017 年度）、68 億 9,700 万円となり、この増加も日本スケート連盟の成長が大きく、「事業収益」

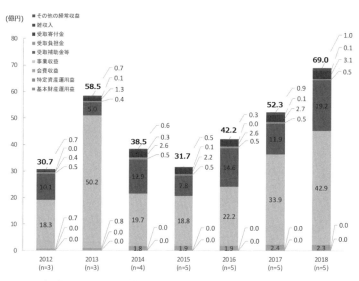

図8　冬季オリンピック競技団体の経常収益の推移（2012 〜 2018 年度）

は 27 億 7,900 万円から 35 億 9,100 万円へ、「受取補助金等」は 3 億 9,400 万円から 9 億 6,700 万円となった。「受取補助金等」は夏季競技団体において安定的な増加を見せる一方で、冬季競技団体は年度により増減幅が大きいことが確認できるのと、一部の団体に偏る傾向がわかる。

5）収益規模別の収益構造

　図 9 から図 13 に、収益規模別の収益構造を示した。2018 年度の経常収益額を「1 億円未満」「1 億円以上 3 億円未満」「3 億円以上 6 億円未満」「6 億円以上 10 億円未満」「10 億円以上」の 5 グループに分類し規模別にみると、それぞれ 11 団体、13 団体、10 団体、9 団体、17 団体と、「10 億円以上」の団体が増加の傾向にある。

　競技団体の 3 大収入源（「会費収益」「事業収益」「受取補助金等」）をみると、経常収益が「1 億円未満」の団体では、「会費収益」20.1％、「事業収益」35.3％、「受取補助金等」27.2％を示した。同じく「1 億円以上 3 億円未満」の団体では、それぞれ 11.0％、48.2％、29.4％ を示し、「3 億円以上 6 億円未満」の団体では 15.6％、48.6％、24.8％ と、「事業収益」の割合が約 5 割まで上昇した。「6 億円以上 10 億円未満」の団体では「事業収益」が 4 割を占める一方で、「受取補助金等」が約 3 割を占め、この収益規模においても受取補助金が重要な収益源であることがわかる。経常収益が 10 億円を超えると収益構造は大きく変化し、「10 億円以上」の団体では「事業収益」の割合が大幅に増加し 7 割を超え、「受取補助金等」（13.6％）「会費収益」（7.4％）を示した。いずれの収益規模においても「事業収益」と「受取補助金等」の 2 科目の合計で構成比率の 60％ 以上を占めている。

図 9　「1 億円未満」の団体の収益構造
（n=11）

図 10　「1 億円以上 3 億円未満」の団体の
収益構造（n=13）

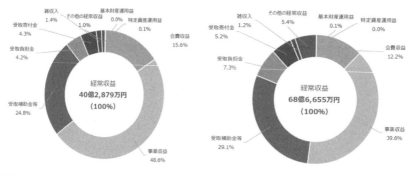

図11 「3億円以上6億円未満」の団体の　図12 「6億円以上10億円未満」の団体の
　　　収益構造（n=10）　　　　　　　　　　　収益構造（n=19）

図13 「10億円以上」の団体の収益構造（n=17）

3. 課題と展望

「スポーツ団体のガバナンスコード（中央競技団体向け）」では、中長期事業計画に加え、組織運営の基盤強化に資する人材の採用および育成に関する計画のほか、財務の健全性を確保する計画の策定と公表を求めている。なかでも財務計画においては、資金源の確保、支出財源の特定、予算の執行など適切な処理の実施を望んでいる。本稿に使用した「中央競技団体ファイナンシャルレポート」は、中央競技団体の持続可能な組織運営の実践のために最も重要な要素のひとつである財務に着目し、その現状と特徴を明らかにするとともに、今後、各中央競技団体で行われる財務分析の視点の提案と、財務計画づくりに資する資料づくりを目指した。

まず、中央競技団体の財務状況を横断的に把握する資料がないことから、そのデータベース構築を検討した。同一の会計基準を採用した財務諸表であれば、データベース構築から財務分析まで一定程度の統一感がもてることから、本研究の対象を公益法人格を有する中央競技団体に限り、内閣府公益認定等委員会から全ての財務諸表を入手した。データベース構築に入手した財務諸表は、延べ385団体にのぼる。

　競技団体財務データベースから、貸借対照表から資産と負債の状況を、正味財産増減計算書から収支の状況をそれぞれ確認した。資産と負債の状況は、資産の大きさに対して負債が著しく小さいことから、公益法人格を有する中央競技団体は負債を保有しない傾向がみてとれる。一方の正味財産の状況は、2013年度から2016年度で約170億円の収益増があり、経常収益が大きく成長していることがわかる。法人格別、オリンピック・非オリンピック競技団体別にみた場合にも、経常収益の大きさや、受取補助金の増加傾向の違いなどを明確に示すことができた。

　一方、現状の財務諸表の形式を要因とする分析上の限界も感じている。財務諸表は内閣府認定等委員会から入手したものであり、公益法人会計基準上の形式としては全く問題ない。ただし、たとえば団体によっては正味財産増減計算書内訳表が詳細に記載されておらず、経常収益・経常費用ともに合計額のみの記載に留まったり、経常収益における勘定科目の認識の違いから、ある団体では受取寄付金として計上してあるものが、別の団体では事業収益として計上していたりするなど、財務諸表での取り扱いの不統一さは、財務分析を進める上での壁となるため、今後は可能な限り競技団体間での統一が図られることを願う。

　今後の展望としては、データベースを毎年度更新し、資産・負債状況と収支バランス、財務指標を使用した分析をアップデートしていきたい。また、データベースより、個別団体の分析も可能であることから、各中央競技団体の財務計画づくりの基礎を提供することも検討していきたい。

【参考文献】
（公財）笹川スポーツ財団（2018）「中央競技団体ファイナンシャルレポート」.

5

スポーツガバナンス
—ファンによるクラブ経営への参加（英：サポータートラスト）

西崎信男 （九州産業大学）

1. はじめに

「スポーツガバナンス（Sport Governance）」とは、スポーツ業界における企業統治（Corporate Governance）と言える。ビジネスを運営することをマネジメント（Management）とすれば、そのマネジメントが適切に（properly）に行われているかを監視する（seeing）ことが、ガバナンス（Governance）と言える（Hoye, et al, 2017）。すなわち、企業統治の議論をスポーツ業界にも当てはめたものといえる。プロスポーツクラブは大多数の事例で「株式会社」形態を採用している。諸議論はあるが、経済学的には、エージェンシー理論を前提に、株式会社への出資者としてプリンシパル（本人）である株主の利益を実現するように、経営を委託するエージェント（代理人）たる経営者を規律づけることが企業統治の任務と考えられている（加護野他 2010）。すなわち、所有者の代わりに組織を経営する経営者を監視するシステムが「コーポレート・ガバナンス」と言える。クラブの所有者（100％の場合）であるオーナー経営者が何をしようともガバナンスには影響されないという見方もできる。しかし、プロスポーツクラブを取り巻く利害関係者は一般企業に比べて広い。プロスポーツクラブ、特にプロサッカーでは、クラブは「地域の資産」とみなされている。したがって、クラブは株主のみならず、ファン（消費者）や地域住民を重要な利害関係者と認識し、それらの利害と自らの利害をバランスさせて経営を行う必要がある。

本稿で論じるサポータートラストとは、プロサッカーを中心とするファンのクラブ支援組織及びその活動を指す。2000 年前後にイングランドで誕生し、今や

イングランド・プロサッカーのみならず、ヨーロッパ各地でプロラグビー等幅広いスポーツへ拡散している。近年サッカーワールドカップ開催地誘致に関わり発生した FIFA（国際サッカー連盟）の汚職に見られるようにプロスポーツが巨大マネービジネスとなっている。したがって、種々の不法行為が行われスポーツが腐敗していき「地域の資産」とも言えるプロスポーツクラブが崩壊していく惧れがある。それに歯止めをかける「スポーツガバナンス」のひとつの大きな動きとして活動するサポータートラストについて、最近の動向を踏まえた検討が重要となっている。サポータートラストはプロスポーツクラブの重要な利害関係者であり、地域の資産であるクラブの健全な発展を推進するために創設されたファンによるクラブ支援組織なのである。もちろん、サポータートラストがクラブ株式を所有すれば、株主としての立場からクラブ経営に物申す強い利害関係者となる。

2. サポータートラスト誕生の背景

　まずなぜイングランド・プロサッカーでサポータートラストが誕生したのか。
　第1の要素として、そもそもの発端である 1989 年、今から 30 年余前の FA カップ準決勝（イングランド中部ヒルスバラ）で発生したスタジアム不備・警備の不備による 96 人の死亡事件である。当時英国では「サッカーのファンは非理性的（irrational）な消費者」とクラブ経営者からみなされていた。ファンはクラブが負け続けても、またチケットの価格を値上げされても、スタジアムの快適さ等が不備であってもクラブを支援してきたが、その結果が経営者のスタジアム安全性無視につながり発生した事件であった。
　この事態に対して、徹底した市場主義で、それまで民間事業として一切口出ししてこなかった英国政府も、安全調査委員会を立ち上げ、スタジアム改革に着手した。その結果がテイラー報告（Taylor Report）であった。現状のスタジアム・設備では「観るためのスポーツ」としての価値を損ない国家のイメージそのものを貶めると、ゴール（Goalmouth）のすぐ後ろの「テラス」（terrace：熱狂的サポーターが集まる立見席）が危険と断定し、全部「座席（all-seater）」のスタジアムにするよう報告書を提出した（対象はチャンピオンズリーグに出場希望する 1 〜 2 部のクラブ）。そこでクラブは一斉にスタジアム新設・改装に走ったのである。プレミアリーグ（1 部）のトップクラブは問題なく新設、増築ができたが、それ以外のクラブはスタジアム新設のための巨額の資金調達で、資金繰りに苦労する

ことになった。スタジアムを増設できないと立見席から全部座席にすることで入場者定員が減少する。プレミアリーグ人気でスタジアム稼働率（満員率）は近年90%後半で推移している。経済学の論理に従えば、チケット価格引き上げで対処できるが、チケットはすでに高額になっており、「地域密着スポーツ」であるサッカーではこれ以上の価格引き上げは難しい。そこでスタジアムを新設してスタジアム収容人数を拡大しない限り、入場料収入も増加しないので、ライバルとの競争に勝てないことになる。下部リーグでも、テラスは許容されてはいたが、財政面で収入を増やすためにはスタジアム拡大・新設が方向性であった。そこでファンは愛するクラブの資金調達の一助にと起こしたのがファンによる「サポータートラスト運動」であった。

　2つ目の要素としては、英国プロサッカークラブの経営者のガバナンス意識の欠如であった。大企業がスポンサーとして存在する日本のJリーグと異なり、英国のプロサッカーは歴史的に富裕な個人オーナーが篤志家としてクラブを所有する形態が多かった。その中にはクラブを食い物にするオーナーが存在したこと（クラブ資金持ち逃げ等犯罪行為が発生している）、経営の才覚がないオーナーが無理な経営を行ったことで、クラブが倒産の危機に瀕することが頻発した。そこでクラブのサポーターは、クラブのために自分たちが拠出した資金がクラブの運営のためにだけ使われるようにする目的で、トラスト（信託）[注1]を設定したのが「サポータートラスト」の名称の始まりである（Northampton Town FC 1992。本稿で論じる現在の「サポータートラスト」はブランド名として「トラスト」を使用しているものの、仕組みは「トラスト（信託）」ではない）。

　3つ目の要素として1998年「第三の道」（「国有化路線」でもなく「市場万能主義」でもない）を掲げて、政府とボランタリーセクターの協働を掲げたブレア労働党政権が誕生したことが（戒能 2003）、サポータートラストというボランタリー活動を支援する流れを作った。

　こうして誕生したサポータートラストは英国全土のみならずヨーロッパ大陸にも、またサッカークラブだけではなくラグビー、その他のスポーツにも広がった。その中でも一番有名な事例であるイングランド・プロサッカー3部のAFC Wimbledon（以降、AFCWと略す）を取り上げる。なぜなら、AFCWは今まで述べてきた背景がもっとも色濃く出た事例であるからである。AFCWの母体であったWimbledon FCは弱小クラブでありながら1988年にFAカップ優勝、14年間（1986—2000）トップリーグに在籍していたクラブであったが、地価の高いロ

ンドンの住宅地にあるがゆえに、スタジアムが狭く入場者が少ない。そうなると資金面でトップリーグの中で生き延びることは難しい。そこでレバノン人オーナー経営者は経済合理性を重視してスタジアム移転を試みたのである。その結果がホームのウインブルドン（ロンドン市内南西部）から遥か北東に90キロも離れたミルトンキーンズ（Milton Keynes。略称MK。1960年代からロンドンの住宅問題解決のために人工的に開発されてきた衛星都市）であった。

それに対して「クラブは地域のもの」と信じるWimbledon FCのサポーターが反旗を翻し（"MK NO WAY"）、「サポーター自身が創るクラブ」としてAFC Wimbledon（AFCW）を作った。さらにトラストは持株会社経由、クラブ株式を所有、取締役を派遣するなど、英国の事例でもっとも「サポータートラストの成功例」として有名となった。背後にはサポータートラストの支援機関であるサポーターディレクト（Supporters Direct）の存在があった。このAFCWの移転騒動によるサポーターによるクラブ創設には、AFCWのサポーターのみならず、英国中のサッカーサポーターから支援運動が引き起こった。サッカークラブはファンのもの、地域のものとの考えが広く根付いている証左である。

サポータートラストの仕組みについては図1のDons Trust（AFC Wimbledonのサポータートラスト：the Wimbledon Football Club Supporters' Society Limited）の事例を観ていきたい。この事例はファンがクラブの経営に参加するのみならず、

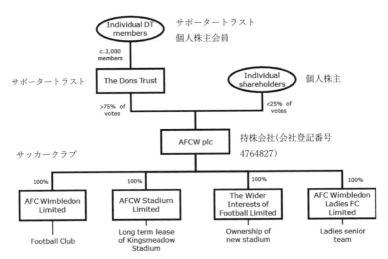

図1　サポータートラストの仕組み（Dons Trust の事例）
出典：https://thedonstrust.org/our-corporate-structure/

クラブを所有する事例である。「所有（own）」するとは発行株式（議決権）の過半数を所有して経営権を握る意味である。

　本事例では、サポータートラスト Dons Trust（旧 IPS 法人：後述）が持株会社（AFCW plc）の株式の議決権の 75％以上を所有する。資本増強のためには幅広く他の投資家からの出資を募ることが必要となる。そこで複数種類株式構造（Dual Class Share Structure: DCS）で株式を発行する。これは 2 種類以上の複数種類の株式を発行し議決権に差をつける方式である。この方式はアメリカでは普通に行われている発行方式で、たとえばアマゾンやフェイスブック等も発行している。資本調達は必要であるが、議決権（経営権）は渡さない（IT 業界では経営にスピード感が必要）という発行体の意向に沿った新株発行形式である。

　そうして設立した持株会社がサッカークラブ株式を 100％所有する形式である。持株会社経由ファン（サポーター）はクラブを間接的に所有し、経営参加するのである。英国会社法では、クラブの重要事項変更（たとえばクラブの売却、スタジアム移転）等においては議決権が 75％以上必要である（MacIntyre 2013）。所有株式数に関わらず、それらの議決権を維持できればファン（サポータートラスト）はクラブを間接保有できクラブへの経営参加ができる。クラブの CEO ももちろんトラストが任命する。

　サポータートラストの概略をまとめると以下の通りとなる。

1. 根拠法：
   (1) 旧法：Industrial and Provident Societies Act 1965（産業福利給付法人法：IPS 法と略す）
   (2) 新法：Co-operative and Community Benefit Societies Act 2014（共済・地域貢献法人法：CCBS 法と略す）2014/8/1 以降に登録される法人に適用
2. 新法 2014 で登録される法人（Societies）：監督官庁 FCA（Financial Conduct Authority：金融監督庁）に登録
   種類
   ①共済法人（a co-operative society：Co-op と略す）：真正な（bona fide）共済団体。
   会員相互の利益を目的とする。
   ②地域貢献法人（a community benefit society：CBS と略す）：地域社会の利益（Community benefit）を目的とする

③公益法人（Charitable Community Benefit Societies：CCBS と略す）：地域社会を超えて公益性（public benefit）に資する活動を目的とする。国税庁（HMRC）から課税上のチャリティに認定される。公益性とは、「貧困の解消」「教育の振興」「宗教の振興」「その他の公益活動」が含まれる。

登録されると法人名の後ろに「Limited」が記載される。（③を除く）

　サポータートラストは CBS に区分される。会員相互の利益のため（for membership）という考え方を超えて、クラブが所在する地域社会の利益に貢献することを目的とする法人である[注2)]。ただし組織的には、「相互扶助（Mutual）組織で1人1票の意思決定」を行っている。

　英国の法律、制度は柔軟で日本のような厳密な定義づけはしない（慣習法で判例法である英国法・制度の特色であろう）。（Football Supporters Association (FSA) Mr. Richard Irving）

　サポータートラストによるクラブへの経営参加の仕組みは図1の通りである。ここで重要な役割を果たしているのは、サポータートラストとクラブを結びつける受け皿としての持株会社（AFCW plc）の存在である。リーグ（England Football League: EFL）の規定では、サポータートラストがクラブを直接所有することはできない[注3)]（この点で、スペイン1部のバルセロナのソシオによる直接出資方式とは異なる。あくまでファンは持株会社経由クラブを所有する間接所有方式である）。

（1）議決権種類株式（Dual Class Share Structure: DCS）構造の導入（持株会社 AFCW plc 定款：AFCW plc Articles of Association 2003）

　クラブ（AFC Wimbledon Limited）の重要事項（定款変更、解散、合併等）を決定する「特別決議（a special resolution）」には、定足数を満たしかつ、出席株主の議決権の75％以上の賛成が必要である。そこでサポーター（サポータートラスト）に75％以上議決権が集中する仕組みを創ったのである。「普通決議（Ordinary Resolutions）」：過半数の議決での決定(会社法　UK Companies Act 1985/2006) があるが、特別決議でクラブ経営権を維持しつつ、クラブ発展のためにはサポーター以外から広く資金調達をする必要があったので種類株式構造を採用した経緯がある（英国会社法 UK Companies Act 2006 では、基本的には1株1議決権が付与されるが、会社定款次第と自由となっている。しかし上場会社では上場株式には

コーポレート・ガバナンスの見地から機関投資家の抵抗が強く発行は稀である）。それに対して米国では州別の法律に従うが、一番規制が緩やかな「Delaware 州法」での会社設立が多い（1 株 1 議決権が基本であったが、企業は遵守しなかった）。現在、NYSE（ニューヨーク証券取引所）／ NASDAQ（ナスダック）では新規上場時には議決権種類株式は発行可能であるが、既上場の会社の発行は不可の扱いとなっている。後述のマンチェスター・ユナイテッド（MANU）はロンドン証券取引所(LSE)ではなくニューヨーク証券取引所(NYSE)を選択し、再上場（2003年 LSE 上場時に米国人投資家グレイザーによる買い占めの後上場廃止となった）を果たしている。

　サポータートラストが持株会社に出資（議決権種類株式）し、その持株会社がクラブを 100 ％所有する。このスキームは英国のサポータートラストではAFCW 以外では見られない方式である。非常に興味をそそられるのは、一方ではAFCW のような地域密着で（local）中小クラブが発行しているのに対して、他方 MANU のような世界的なビッグネーム（global）も同じスキームを採用していることである。同じように議決権種類株式発行によって、オーナーが過半数の議決権を保有し経営を行うのであるが、MANU はニューヨーク証券取引所に

表 1 AFC Wimbledon（AFCW：非上場）と Manchester United(MANU：NYSE 上場)

AFC Wimbledon　*AFCW plc 2016/5/14 現在

株式名	発行済株式数	発行価格	発行価額	議決権割合	備考
Ordinary Share（普通株式）	20,000,000	@0.01 ポンド	200,000 £	1 株：3 議決権	サポータートラストが株式 75％以上保有
A Ordinary Share（A 株式）	3,762,920	@0.60	2,257,752 £	1 株：1 議決権	普通株と A 株との転換権なし

参考：西崎（2017）p.100

Manchester United　*2012/8/9 MANUNYSE 上場時

株式名	発行済株式数	発行価格	発行価額	議決権割合	備考
Class A Common Stock	39,685,700（G:58% 他 42%）	@ 14 ドル	約 234 億円	1 株：1 議決権	A から B への転換禁止
Class B Common Stock	124,000,000（G:100%）	売り出しせず		1 株：10 議決権	Glazer 一族の経営独裁 98.7% 保有

参考：西崎（2017）p.250

上場しているので、いつ（昔自分が行ったように）株式買い占めによって経営権を乗っ取られる懸念がある。それを防ぐために、議決権種類株式を発行して議決権を自らの一族の手に集中しているのである。すなわち巨額の返済不要の株式発行による資金調達の必要性からNYSE上場は必要だが、経営権は譲らない。それに対してAFCWのケースは非上場株式であるので、オーナーが同意しなければ乗っ取られる危険性はない。しかし、将来どんな自体が発生しようとも経営権がファンの手から離れることがないように議決権種類株式を発行し、重要事項を決定できる議決権75％をファン（サポータートラスト）に残すスキームになっている。

3. 外部環境の変化

上述のように誕生したサポータートラストであるが、外部環境が近年大きく変化している。プロサッカーを例にとれば、選手獲得競争により年俸が急騰する一方、昇格降格がシステムに組み込まれるビジネスモデルで経営が難しかった（「倒産 insolvency」が頻発するビジネス）が、欧州サッカー連盟（UEFA）がフィナンシャル・フェア・プレー（Financial Fair Play: 収支均衡規制）を導入したことで、ヨーロッパのトップリーグは「儲かる」ビジネスに変化する一方、その他の下部リーグでは収容人数が小さいスタジアムのうえに満員率も低いため、倒産も相変

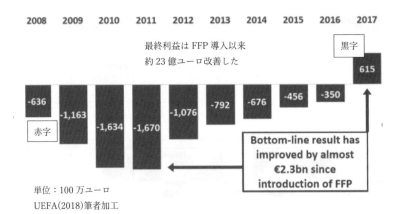

図2　外部環境の大転換：フィナンシャル・フェア・プレー（FFP）導入によって、欧州のビッグクラブの税引き後利益[注4]合計が2017年に単年度ベースで初めて黒字に転換した（プロサッカーが儲かるビジネスへ転換）

わらず発生している。業界の二極分化が激しい。

　オーナー経営者も今やファンのニーズを聞かないと経営できないとの認識が生まれている。そこでビッグクラブ以外のクラブでは今後は「地域密着」を徹底し「地域への貢献」（community benefit）を発揮しないと地域からの支援（観客増加）が得られないため、地域のサポーターがクラブへの資金支援のみならず、クラブ経営にも参加する事例が増えている。その結果、今やビッグクラブも含めてサポータートラストの数は 163 クラブに及び、会員数は 40 万人超となっている。サポータートラストは必ずしもクラブ株式を持つ必要はないが、株主になれば議決権の力もあり発言権は大きくなる。トラストがクラブ株式を過半数所有している事例（Trust-Owned Clubs）は 44 クラブ、取締役を送り込んでいるクラブも 54 クラブに達している。

4.　サポータートラストの展開

　サポータートラストは順調に勢力を伸ばしてきているが、誕生から 20 年、種々の課題も発生している。

（1）役員構成と専門性の整合性の問題である。サポータートラストは民主的な意思決定を行う組織である。すなわち 1 人 1 票で意思決定を行う。したがって、トラストの会員の年齢構成・職業構成の変化で、役員（理事）構成があるべき陣容と異なる可能性（社会経験の浅い若い会員が多くなる等）がある。そして必要な専門性を持つ人間が役員になれない可能性が出てきている。Dons Trust の事例では、一昨年の理事選挙で 4 名改選であったが、専門性をもつシニア専門家が 4 名とも落選した。代わりに若く職務経験が浅い人材等が当選した。

（2）また民主的組織ではあるが、現実的には全員の意向を聞きながら決定することが難しい。また資金調達のようにスピードが要求され秘密を守ることが必要な案件では、総会で会員に対してディスクロージャーできない問題も発生する。

（3）対外的にはリーグ指導部やクラブ経営者といかにコミュニケーションを図っていくのか。いかにしてリーグ、クラブの運営にサポーターの意見を生かしていくのか、ファンの経営参加の道筋をつけていく必要がある。

（4）サポーターが所有するクラブの場合、クラブ経営の良否は直接的に自らの出資株式に跳ね返ってくる。まさにガバナンスが効いて、クラブ経営で毎期毎期、収支均衡を厳密に行っていくことになる。そうすると中長期的なクラブ経営が難

しく、他のクラブとの選手獲得競争もあり、優秀な選手獲得を中長期契約で獲得することはできなくなる。その結果、リーグ戦を勝ち抜くこと以前に、下部リーグへの降格を避けることが精一杯ということになる。エンターテインメントとしてのプロサッカービジネスで、選手の華麗なプレーが見られず、どこまでサポーターが自らのクラブをサポートしていくのか、先は見えない。リーグ戦参加のすべてのクラブが財務的規律（ガバナンス）を守ることが前提となるが難しい。

　それらの課題に対する解決策として、サポータートラストは以下の政策を実施している。

　（1）サポータートラスト内部での専門性確保の策として、「Co-opt」（理事会任命業務執行理事）という制度が採用されている。選挙（多数決）で選ばれた理事が必要な専門性を持つとは限らない。専門性をもつ理事が選出されない場合、不足する会計、法律、建築等々の専門知識を持つ会員を理事会が選んで（Co-opt）、理事に任命する制度である。1 期だけで、その次の期にはいったん辞任して理事選挙に立候補することになっている[注5]。

　（2）リーグ等外部とのコミュニケーション充実の策として定期的意見交換会（Structured Dialogue）の開催がある。株式保有がなくてもファンの代表としてサポータートラストがリーグの役員、クラブの役員との意見交換会にてファンの意向を伝えることでクラブやリーグに間接的に経営参加するシステムである。リーグの規定では年 2 回開催が最低限期待されているが、クラブによって開催される頻度はまちまちである。

　（3）財務的ガバナンスを得るための手段として、クラウドファンディングで出資を募る、たとえば出資者の名前をスタジアムに刻む、出資が難しければ、中長期債券（私募債）を発行して資金を募る等の試みが行われている。短期の資金繰りで毎期帳尻を合わせる（緊縮財政）だけではなく、経営安定のために中長期資金調達をどう実行していくのか。大きな課題である。

　このようにサポータートラストはファンの経営参加のリーダー（ある意味、労働者の経営参加という労働運動）となって頑張っているが、実はその資金源のひとつは裕福なプレミアリーグである。皮肉な現象である。さらに 2018 年 11 月サポータートラストの支援機関である Supporters Direct と Football Supporters' Federation が合併して、Football Supporters Association となった。合併前の Supporters' Direct はサッカーのみならず各種スポーツにおけるサポータートラスト設立、運営の支援を行っていたが、合併によってサッカーファンの支援機関の

色彩が強くなるとの懸念も一部では生じている。

5.　まとめ

（1）サポータートラストの原形は、プロサッカー経営者がファン無視の経営、放漫経営でクラブ破綻へ導いたことに対するファンのクラブへの経営参加の動きが発端である（1992年 Northampton Town FC。ファンの資金を経営者から守るためにクラブ資金とファンの資金を分別管理するために「信託 Trust」を設定した）。

（2）サポータートラストは、1989年のヒルスバラにおける死亡事故が、クラブ経営者のファンの安全性軽視によるものとして、安全性の見地からスタジアムの立ち見席廃止に至った（テイラー報告）ことが契機となった。それがスタジアム拡大競争を呼び、その資金調達でクラブが資金調達に奔走した際に、サポーターがクラブ支援のために立ち上がったのがサポータートラストである。

（3）従来、プロサッカーは儲かるビジネスとは考えられていなかったが、サッカーが情報化時代の最高の人気コンテンツとなり、プレミアリーグの人気も相まって、イングランドのプロサッカークラブは二極分化している。プレミアリーグのトップ6と言われるクラブ（Global。世界的なブランド）と、その他のクラブ（Local。地域密着クラブ）である。

（4）サポータートラストは顧客であるファンのニーズ把握の必要から、トップ6のクラブでも重要ではある。しかし最も必要とされているのはその他のクラブに於いてである。なぜなら、地域密着（local）でなければこれからの生存が困難なクラブでは、地域のファンとのコミュニケーションが重要である。そのひとつが、サポータートラスト経由してのファンのクラブの経営である。

（5）サポータートラストは CBS 法人として、1人1票の民主的組織である（株式会社では1株1票）。課題としては役員（理事）と会員との円滑なコミュニケーションの確保であり、指導部である役員における専門性の確保である。前者は役員と会員の定期情報交換会（Structured Dialogue）であり、後者は Co-opt（理事会が不足する専門家を理事に選任する制度）である。

（6）クラブ経営に対する参加として、サポータートラストによるクラブ株式取得、そして役員派遣がある。それ以外にリーグ経営者、クラブ経営者とサポータートラスト代表者の定期意見交換会が開催されている。

（7）スポーツは一般企業以上に利害関係者は多い。報道・メディア関係者、選手（労

働者）、政府、スポンサー、ファン、地域コミュニティ、株主等である。その中で、サポータートラストは、ファン、地域コミュニティ、株主（持株会社経由クラブ株式保有）を代表するものである。したがってサポータートラストはスポーツガバナンスの重要な仕組みであり、今後のスポーツの振興のためにさらなる期待が寄せられている。

（8）経営課題は、ファンの経営参加するプロサッカークラブとして、短期的な資金繰りの他中長期的な資金調達による経営安定を、リーグ戦での生き残り競争とどのようにバランスさせていくのかである。

　本研究は九州産業大学 KSU 基盤研究費（No.K072131）の助成を受けたものである。

【注】
1)　「人を信じて財産を託す仕組みを信託と呼ぶ。すなわち委託者（settlor）が受託者（trustee）に財産（property）を移転する、受託者が受益者（beneficiary）のために財産を管理する制度である」（Oxford, 2015）
2)　（例）Dons Trust 規約第 5 条：The business of the Society is to be conducted for the benefit of the community served by the Club and not for the profit of its members.
3)　EFL 規則 16.2.2：チャンピオンシップ及びリーグ 1 とリーグ 2 のクラブは会計報告を会社登記所（Companies House）に決算の登記しなければならない。サポータートラストは「会社 Companies」ではなく、CBS（Community Benefit Societies）法人であるため、会社登記所には登記できない。したがって、EFL 規則では、クラブをトラストが直接所有することができず、間に持株会社を介在させる必要があると理解されている。（Mr. Richard Irving,FSA　2020/1/22）会社でなければ倒産時の企業再生処理が難しいとの背景がある。
4)　税引き後利益＝営業利益（損失）Operating Profit（Loss）＋選手移籍収益（損失）Transfer Income（Cost）＋資産売却益（損失）Divestment＋特別利益（損失）Non-Operating Income（Loss）＋金融収支 Financial Gains（Losses）＋税金収支 Tax Income（Loss）。ユース育成部門の収支、スタジアム施設関係の収支は含まれない。
5)　（例）Dons Trust の規約（Constitution）54 条：理事会の理事（Society Board）総数（the mix of elected and co-opted members）：9 名〜 12 名。うち理事（会員総会で選出された理事：elected by the members）最低 9 名、Co-opt（理事会任命業務執行理事：co-opted by the Society Board）最高 3 名と規定されている。
　　56 条：理事の任期は 2 年、Co-opt は次回選挙までの任期で、両者とも任期到来時にいったん辞任する。

【参考文献】
Hoye, R.et al (2017) *The Sage Handbook of Sport Management*, Sage Reference, pp.9-10.
Jonathan Law(eds.) (2015) *Oxford Dictionary of Law*, Eighth Edition, Oxford University Press, p.634.

Porter, C (2019) *Supporter Ownership In English Football*, Class*, Culture and Politics*, Palgrave MacMillan.

Keoghan, J. (2014) *Punk Football, The Rise Of Fan Ownership In English Football*, Pitch Publishing.
https://thedonstrust.org/board/　アクセス 2020/01/05

MacIntyre, E (2013) *Business Law 3rd Edition*, Pearson, p.119-124.

UEFA (2018) Club Licensing Benchmarking Report Financial Year 2017~The European Club Footballing Landscape.

https://www.fsif.co.uk/funding/premier-league-fans-fund/　アクセス 2019/12/1

https://communityshares.org.uk/resources/handbook　アクセス　2020/1/25

https://www.legislation.gov.uk/ukpga/2014/14/section/2/enacted　アクセス　2020/3/31

https://www.uk.coop/developing-co-ops/model-governing-documents/charitable-community-benefit-society　アクセス　2020/3/31

加護野忠男他（2010）「コーポレート・ガバナンスの経営学」有斐閣，pp.5-22.

戒能通厚編（2003）「現代イギリス法事典」新世社，pp.296-297.

吉川浩史（2018）「米国で活発化する議決権種類株式の上場に関する議論」『野村総研資本市場クオータリー　2018Winter』.

網倉章一郎（2008）「英国の新チャリティ法の成立とチャリティ・セクターのあり方」『城西国際大学紀要』.

文部科学省（2009）「諸外国におけるボランティア活動に関する調査研究報告書」.

西崎信男（2017）『スポーツマネジメント入門〜プロ野球とプロサッカーの経営学〜（第二版）』税務経理協会，pp.80-83, 93-100, 114-118, 215-226, pp.243-254.

6

大学スポーツのガバナンス

小林 至 (桜美林大学)

　大学スポーツのガバナンスが脆弱であることは、2018年に起きた、日大アメフト部の悪質タックル問題において、世に広く知られることになった。

　まず部活動と大学との関係。日本における大学の部活動は、自主自立の課外活動であり、大学は不干渉というのが慣例だ。多くの大学では、監督は、大学の業務としての位置づけはなく、その人事や報酬（といっても交通費プラスα程度の謝礼というのがほとんどだが）もOB会が担っている場合が多い。今回、内田氏は、大学の常務理事だったが、アメフト部の監督人事に大学当局が介在していたとは思えない。

　そんな第三者の監視が届きにくい大学運動部の世界では、指導者は、生殺与奪の権利を背景に、カルト集団の教祖のような服従の構造をこしらえ、学生を意のままに操ることも不可能ではない。ましてや、内田氏の場合は、大学当局においても常務理事という大幹部だから、学生が問題提起をするには、あの記者会見のような辛い手段を取らざるを得なかったのは、ガバナンスの欠如に他ならない。この類の指導者は昔も今も存在する。

　監督が学校法人の経営陣に名を連ねている例も、大学スポーツに限らず、高校野球などでも散見する。そういう部活動については、監視機能が効いているかどうか、学校関係者は、対岸の火事とせずに今一度の確認をしたほうがいいだろう。

　このような脆弱な大学スポーツのガバナンスを是正するには、各大学が、学内の運動部を統括し、責任を負う部署を明確にすることに加えて、第三者の目をもって、監視、調査・懲罰の機能を保有する機関が必要であることが、この日大アメフト部の悪質タックル問題で明らかになった。大学スポーツを統括する組織の必要性がその2年前、2016年から本格的に検討されてきたのは、このような大

学スポーツの現況も踏まえてのことだった。

1. UNIVAS 設立の経緯

　安倍政権の経済政策である日本再興戦略 2016 において、スポーツの成長産業化が重要政策に位置づけられた。スポーツを核とした地域活性化の取り組みの一つとして、大学スポーツの成長産業化が注目され、日本版 NCAA 創立の機運が高まった。

　日本では、海外伝来のスポーツを広める役割を大学が担い、自主独立した組織として発展してきた。そのような歴史もあり、学校横断的、競技横断的な組織である「公益財団法人全国高等学校体育連盟（高体連）」、「公益財団法人日本中学校体育連盟（中体連）」とは異なり、大学では、各学生連盟が競技種目別に設立されており、運動部全体での一体性を有していない。

　また、大学運動部活動は課外活動と位置づけられ、教育研究と比較して、大学からの支援が必ずしも手厚いとは言えない。たとえば、国公立大学で特に顕著なのだが、運動部活動の監督やコーチが OB 会に直接雇用されており、大学の指揮命令系統に属していない。こうした部活動は、往々にして治外法権のようになっており、何か問題が発生した際に大学が指導できない恐れがあるなどガバナンスに関する問題が指摘されていた。

　加えて、大学 OB（潜在的観戦者）の観戦によるファン層の拡大や、企業との

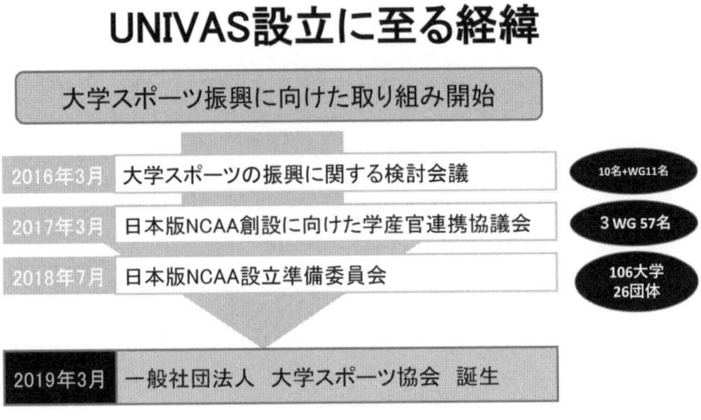

図表 1　UNIVAS 設立に至る検討経緯
（出典：UNIVAS）

コラボレーションなど大学スポーツ資源の潜在力が十分に発揮されているとは言い難い状況があった。

　そこで、大学スポーツのさらなる価値を発揮させるために、大学や学生競技連盟を核とした大学横断的かつ競技横断的統括組織創設の検討が開始された。

　2016年4月当時の文部科学大臣であった馳浩議員のリーダーシップのもと「大学スポーツの振興に関する検討会議」が発足した。ここでの答申を経て、翌2017年に、スポーツ庁が音頭を取り、大学、学生競技連盟、産業界によって構成された「日本版 NCAA 創設に向けた学産官連携協議会」において、課題の抽出がなされた。この課題抽出を踏まえ、これまたスポーツ庁が音頭を取り、大学及び競技団体を中心に結成された「日本版 NCAA 設立準備委員会」を経て、2019年3月1日に一般社団法人大学スポーツ協会（UNIVAS）が設立された。

2. アメリカの大学スポーツ

　設立に向けた検討会議が一貫して、「日本版 NCAA の創設」と名付けられた通り、UNIVAS のモデルとなったのが、アメリカの大学スポーツの中央統括機構である NCAA である。

　その NCAA とはどのような団体なのだろうか。

　アメリカにおいては、大学スポーツが、プロと同等あるいはそれ以上の興行になっている。

　Bloomberg が2017年9月28日に配信した記事によれば、アメリカの大学スポーツが生み出している収入の総和は130億ドルと推定されており、4大プロスポーツのなかで、これを超える売上は NFL だけという巨大な市場を形成している。もっとも、その市場の大半はアメフト興行によるものであり、推定で70%を占めていると言われている。

　アメフトの強豪大学ともなると、4大プロスポーツ並みあるいはそれ以上を売り上げており、テキサス大学の運動部の売上高は、図表2にあるように2億1,400万ドルで一部の NBA 球団よりも大きな数字になっている。20位のワシントン大学でも1億2,900万ドルで、これは NHL の下位球団よりも多い売上高だ。100位のウェスタン・ケンタッキー大学の売上3,000万ドルは、テキサス大学と比べると小さな数値だが、日本のバスケットボールのプロリーグ（B リーグ）

の売上トップ（千葉ジェッツ）の売上が18億円弱であることを考えると、アメリカの大学スポーツというか、大学アメフトの市場は巨大である。

ただし、興行として成立しているのは、アメフトに次ぐ市場規模（10％程度）

NCAA所属大学収入ランキング

順位	大学	カンファレンス	総収入
1	Texas	Big 12	$214
2	Texas A&M	SEC	$211
3	Ohio State	Big Ten	$185
4	Michigan	Big Ten	$185
5	Alabama	SEC	$174
10	Auburn	SEC	$148
20	Washington	Pac-12	$129
50	Iowa State	Big 12	$83
100	Western Kentucky	C-USA	$30

	top	bottom	平均
NFL	$864	$335	$488
MLB	$668	$224	$333
NBA	$443	$204	$253
NHL	$253	$96	$168
EPL	$799	$161	$320

単位：100万米ドル

図表2　NCAA所属大学収入ランキング（2018年）
（出典：Forbes, USA Today などを元に筆者作成）

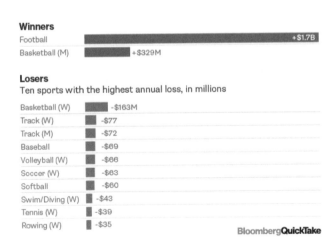

Winners

Football　+$1.7B
Basketball (M)　+$329M

Losers
Ten sports with the highest annual loss, in millions

Basketball (W)　-$163M
Track (W)　-$77
Track (M)　-$72
Baseball　-$69
Volleyball (W)　-$66
Soccer (W)　-$63
Softball　-$60
Swim/Diving (W)　-$43
Tennis (W)　-$39
Rowing (W)　-$35

Bloomberg**QuickTake**

単位：M＝100万ドル、B＝10億ドル

図表3　大学スポーツの収支
（出典：Bloomberg QuickTake より）

の男子バスケットボールの 2 競技だけで、そのほかのスポーツはすべて赤字となっている。図表 3 の通り、アメフトが 17 億ドルの黒字、男子バスケットボールが 3 億 2,900 万ドルの黒字で、最も赤字が大きいのが女子バスケットボールの 1 億 6,300 万ドル、陸上女子、陸上男子、野球が続いている。

3.　アスレチックデパートメント

　アメリカの大学スポーツの特徴に、運動部を統括管理するアスレチック・デパートメント（AD）の存在がある。AD の役割は、選手が学生であることを除けば、プロスポーツの球団と同じと考えてよい。チケット、広告看板、テレビ放映権、グッズなどを売り、稼いだお金で、競技施設や用具、監督・コーチの給与、奨学金などを支出する。収支バランスも大事だが、競技成績も大事だ。

　多くの AD は、アメフト部と男子バスケットボール部で稼いだ資金をもって、他の運動部の赤字を補っている。具体的にはどのようなものか、テキサス大学運動部の年次報告書（2016 年）を元に、texas tribune 紙が分析した記事にその概要が記されているので、ここで紹介しておきたい。

　同記事によれば、同大学運動部の 2016 年の総売上は 1 億 8,800 万ドルで総支出が 1 億 7,100 万ドル、1,670 万ドルの利益を大学にもたらした。運動部全体（アスレチック・デパートメント）への寄付や、運用益などを除き、各競技固有の収入にアイテム化すると、1 億 2,800 万ドルはアメフト部の売上となる。アメフト部の支出は 2,870 万ドルで、差し引きすると約 1 億ドルの利益をテキサス大学にもたらしている。最大の支出は、監督・コーチの給与で 1,050 万ドルだった。大学アメフト部の監督・コーチは高給取りで、強豪校ともなると年収 100 万ドル（つまり 1 億円以上！）は助監督やコーチのレベルである。たとえば 2018 年は上位 82 位までがミリオネアで、トップは、アラバマ大学の名将ニック・セーバンで年俸 830 万ドル、テキサス大学の監督の年俸は 550 万ドルだった。

　アメフト部に次ぐ収入源が男子バスケで、テキサス大学男子バスケ部の 2016 年の収入は 1,820 万ドル、支出が 980 万ドルで、840 万ドルの黒字だった。男子バスケの監督も高年俸であり、2018 年の数字をみると、上位 59 大学の監督がミリオネアで、トップはケンタッキー大学のジョン・カリパリで、先のセーバンよりも高い 928 万ドルだった。

　この 2 競技で稼いだお金で、他の競技の赤字を補填しているのが、NCAA 所

属大学のひとつのパターンである。テキサス大学の 2016 年の年次報告書の例を続けると、野球は収入 550 万ドルに対して支出が 562 万ドルで 12 万ドルの赤字、ゴルフが男女合わせて 67 万ドルの収入に対して支出は 219 万ドルで 152 万ドルの赤字だった。

　赤字を出すくらいなら、それらの競技をやめてしまえばいいではないかと思われるかもしれないが、そうはいかない。NCAA に籍を置くためには、運動部の数やその運営方法に細かい条件が課されているのだ。

4.　NCAA

　National Collegiate Athletic Association（全米大学スポーツ協会）の略称 NCAA は、非営利法人組織で、大学運動部の統括組織として、加盟大学の運動部間の連絡調整、管理など、さまざまな運営支援などを行っている。創設されたのは 1905 年である。当時、大学間対抗のアメフトの試合において、重大な負傷が相次ぎ、死に至るケースも起きていたことが社会問題化して、時の大統領（セオドア・ルーズベルト）の求めに応じる形で、大学スポーツに一定の秩序をもたらすために、自主管理組織として発足したのだ。競技規則の管理を中心とした自治組織としてスタートした NCAA は、加盟校が増えるにつれ、役割も大きくなり、1921 年に陸上競技の大会を主催したのを皮切りに、興行運営にも携わるようになり、1973 年には、加盟大学を運動部の予算規模によって 3 つのディビジョンに区分けし、

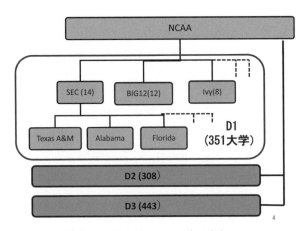

図表 4　NCAA は、3 つのディビジョン

NCAA、3つの理念

- *Academics*（学業との両立）
  - 練習時間の制限
    - シーズン中〜1日4時間、週20時間、1日の休息日など
  - 学業成績により選手資格を制限
    - 入学時（高校時代）の成績
    - 入学後は、取得単位数や成績

奨学金支給上限人数

***	NCAA DIVISION I	***
Sport	Men's	Women's
Baseball Softball	11.7	12
Basketball	13	15
Track & Field	12.6	18
Football	85	0
Golf	4.5	6
Gymnastics	6.3	12

- *Well-being*（安全と健康）
  - 健康保険
  - 補償制度
  - 食糧保証（DIとDII）
- *Fairness*（公正）
  - 男女平等（title IX）、LGBTへの配慮
  - 奨学生の数
  - *Academics, well-being*なども*fairness*の一環

図表5　NCAAの3つの理念

この3ディビジョン体制は、現在に引き継がれている。

2018年時点において、1,102大学が加盟しており、ディビジョンIには351大学、179,200人の学生選手（スチューデント・アスリートの邦訳。アメリカではNCAAに加盟している運動部の部員をスチューデント・アスリートと呼ぶ）、ディビジョンIIには308大学、学生選手数は121,900人、ディビジョンIIIは443大学、学生選手数は190,900人である。

NCAAの売上高の総計は10億578万ドル、専任スタッフの数は500人を超え、大学スポーツの中央統括団体としての管理・監督業務のほか、39の競技で90の大会を運営している世界最大の大学スポーツ組織である。

NCAAに加盟する大学は、アマチュアリズムの原則のもとに掲げている3つの理念（図表5）とその運用のために定めた5,800を超える規約を順守することが求められている。

5. Title IX とは

アメリカの大学スポーツにあって、日本にないもののひとつが、教育改正法第9編の略称 Title IX（タイトル9）、であり、これは教育における性差別の禁止を規定した法案である。男女教育機会均等法案との日本語訳にもある通り、1972

年に法制化された際の趣旨は、教育機関における男女の機会均等だったが、もっとも大きな影響を与えたのが、学生スポーツの世界だった。

たとえば、アスリート奨学生の数は、学生選手の人数に対して、男女とも同じ割合でなければならない。つまり、男性運動部員が 1,000 人いて、そのうち 200 人にアスリート奨学金を支給する大学は、女性にも同じ割合（つまり 20％）を支給することが義務づけられている。女性運動部員が、1,500 人であれば 300 人、500 人であれば 100 人ということになる。

アメフトや男子バスケなどのような人気競技は、大学経営にとって非常に重要で、そこから得られる興行収入はもちろん、学生募集、学生、教職員、地域、OB の帰属意識の向上、そして寄付金募集の触媒まで、大きな影響を及ぼすから、各大学は、競い合って、指導者には高い報酬を払い、豪華な施設や機材を整え、有力な高校生をリクルートしている。そうでない競技についても、アメリカのアマチュアスポーツの中心は大学（ほとんどのオリンピック選手は大学生）であり、それぞれの競技団体のロビー活動や OB や地域の篤志家の支援もあり、学生選手については、学費が免除されたり、競技にかかる費用においても支援を受けるようになり、NCAA がそれを制度として整備してきた。

しかし、そんな大学スポーツにおいても、女性は置き去りにされてきたが、人種差別を禁ずる公民権法が 1964 年に成立するなど、差別撤廃の大きな潮流のなかで、Title IX も成立したのだ。

この結果として、学生選手の数、アスリート奨学金の支給額も原則として男女平等であることが求められるようになった。この Title IX の影響は絶大であり、Title IX が法制化された 1972 年の時点で学生選手の数が男子 17 万人に対し女子は 3 万人だったのが、2018 年には男子 28 万人、女子 22 万人と人数も、男女比も劇的に変化した。

図表 6 が示しているのは、アスリート奨学生の数で、男性は、大学スポーツの花形であるアメフトが 85 人、バスケが 13 人であるのに対して、女性は陸上が 18 人で最多、これにバスケが 15 人と続いている。

男子の場合は、学生選手の数も奨学金支給額も、ドル箱のアメフトが中心となり、図表 6 にもあるように、アメフト部の奨学金支給額の上限はなんと 85 人分である。アメフトに次ぐ人気種目のバスケは 13 人で野球は 11.7 人である。女子にも同じ人数に同じ待遇を用意しなければいけないが、たとえば女子にはアメフトはない。それで、全種目にエントリーすると 60 人が試合出場できる女子ボー

奨学金支給上限人数

*** NCAA DIVISION I ***		
Sport	Men's	Women's
Baseball Softball	11.7	12
Basketball	13	15
Track & Field	12.6	18
Football	85	0
Golf	4.5	6
Gymnastics	6.3	12

図表6　NCAA（ディビジョンⅠ）のアスリート奨学生の上限
（出典：NCAAのウェブサイト）

トの奨学金枠が20名になっていたりして、やや数合わせの様相を呈してもいる。

　数合わせといったが、実際、女子のNCAA競技には、そうとしか思えない競技が幾つかある。先のボートもそうだが、奨学金枠12のラグビーも、女性特有のスポーツというわけでもなく、男子のNCAA競技にも存在しない種目である。実際、どちらの競技も、学生選手のアスリート奨学金を狙っての、日本風に言えば"大学デビュー"である。こうした状況に対して、行き過ぎた男女同権だと不満を叫ぶアメリカ人男性も実は多い。一方、女性の言い分は、男子チームの指導者に女性はほぼ皆無であるばかりか、女性チームであっても指導者となると男性が60％を占めている、したがって、まだまだまったく不十分だという。Title IXについても、もともとは、学生選手の男女の比率を、学部生の男女比率と同じにするはずだったのに、実際はそうなっていないことについて、女性差別は今も根深いことを指摘する学者も多い。先に記したように、2018年の学生選手の数は、男子28万人、女子22万人で割合にすると56：44だが、実は、学部生の割合は男子43％で女子57％である。つまり、アメリカでは、大学生の数は圧倒的に女性が多いのである。

　図表6について、ひとつ付記すると、アスリート奨学生の人数の上限が定められたのは、学生選手の機会の平等というよりも、特定の大学に戦力が偏在しないようにするための機会の平等がそもそもの趣旨である。

6. 学生選手は、大学にとって特別な存在である

　NCAA 加盟大学は、学生選手の競技にかかる費用はすべて、つまり練習施設やアパレル、用具、遠征費用、健康保険、傷害保険などまで、大学が負担する必要がある。更にディビジョンⅠとⅡの加盟大学は食費も大学が負担しなければならない。ディビジョンⅠのアメフトやバスケの学生ともなると、豪華な寮と食事、最新鋭のトレーニング器具にサプリ、チューター（家庭教師）がついているのは当たり前で、学生選手は、手ぶらでやってくればいい。

　運動部の数についても、ディビジョンⅠの所属大学は、最低でも男女合わせて14以上の運動部を NCAA のルールに則って運営することが求められている。先に記した通り、アメフトと男子バスケ以外は、基本的に赤字だが、ディビジョンⅠの競技会（試合）に参戦するためには、それ以外の運動部も、大学が丸抱えで運営をしなければいけない。結果として、アメリカの大学の運動部は、競技数も人数も絞り込む傾向にあり、厳選した競技に、選抜された選手のみで構成されることになる。

　たとえばシアトルにあるワシントン大学は、学生数 30,000 人を超える大規模州立大学で、男子がアメフトとバスケを中心に 9 つ、女子が 11、合わせて 20 の運動部が NCAA に加盟している。しかし、同大学の水泳部は NCAA に加盟していない。アメリカにおいて、水泳は五輪の英雄がひしめく伝統的な競技であり、かつ水泳五輪代表選手のほとんどは大学生で、大学スポーツにおける水泳の存在意義は大きいのだが、NCAA ディビジョンⅠの競技会に参加するレベルの活動を維持するには大きな予算がかかる。水泳を入れれば、他の競技を NCAA 基準で運営できなくなるため外すことになるため、諦めたということだ。

　アメリカの大学にとって、スポーツの競技成績は、大きく報道されるアメフトと男子バスケを中心に、大学の価値を大きく左右するおおごとなのだ。在校生の士気はもちろん、OB や地元名士からの寄付金の額にも大きな影響を及ぼす。その結果、アメフトとバスケを中心に、指導者への報酬や施設、器具などの費用はかさむ一方である。当然、予算には限りがあるから、メジャーな競技であっても、施設や運営費に対して外部からの補助（寄付金）がなければ、ワシントン大学の水泳部のように NCAA に加盟しない、あるいは脱退する判断に至る例は少なからずみられる。

　その最も顕著な例として知られているのが、シカゴ大学だろう。シカゴ大学は、学問の世界では世界で最も評価の高い研究機関のひとつで、とりわけ経済学においては、しばしば全米1位にランキングされる私立大学である。大学スポーツにおいても、花形であるアメフト部が、カンファレンス優勝6度を誇るなどNCAAの中心的な存在だったが、1939年、そのアメフト部をNCAAから脱退させてしまった。理由は、大学間の競争が激化し、競技への高いコミットが求められる環境において、学業との両立は不可能であると判断したから。そして1946年にはすべての運動部をNCAAから脱退させた。現在は、陸上など一部の競技は、NCAAのディビジョンⅢ（つまり3部）に加盟しているが、アメフトやバスケなど高いコミットが求められる競技については、NCAAに加盟していない。

　NCAA主催の大会でもっとも有名なのが、マーチ・マッドネス（春の狂宴）の愛称で全国民が注視するバスケットボール選手権である。実際、10億ドルを超える売上高のほとんどはこの大会から生み出される。全国から選抜された68校が、一発勝負のトーナメント方式で覇を争うこの大会。3月半ばから4月第1週にかけての大会期間中は、大統領から小学生まで全米がこの話題でもちきりとなり、その放送権料は、男子のそれで7億7,000万ドルである。1ドル110円で邦貨換算をすると847億円となり、J1の年間総収入をも上回る数字となる。

　先に記したように、バスケの強豪大学の売上は、アメフトほどではないが、非常に大きく、同大会の常連ルイビル大学の男子バスケ部の興行収入は年間4,000

図表7　March Madnessの経済学

万ドル以上になる。

7. NCAA のスチューデント・アスリートは、学生か労働者か

　このように、プロ顔負けの興行となっているカレッジスポーツ、旨味はなんといっても選手年俸を払わないで済むことである。全米の大学スポーツを統括するNCAA は、アマチュアリズムを信奉しており、学生選手が競技活動から報酬を得ることを禁止している。

　アメリカの大学は学費が非常に高く、アメフト部やバスケットボール部に力を注いでいるような有名な州立大学ともなると、学費だけで 4 万ドル、教材・生活費と合わせると年間 6 〜 8 万ドルはかかる。一方で、名の通った大学を卒業することの意義は、キャリア形成に対して、日本とは比べものにならないインパクトがあり、投資効果が高いことが「売り」である。

　NCAA 1 部所属大学のアメフトやバスケの選手ともなると、この授業料＋生活費を全額奨学金で賄うことができて、授業についても特別の配慮がなされることで、正当化されてきた。しかしながら、大学のアメフトとバスケが、プロにひけを取らない人気を博し、莫大な収益があがっていることや、ヘッドコーチなどの指導者には、プロのそれとひけを取らない給与が支払われていることなどの背景ともあいまって、近年は、学生選手は搾取されているとの声が強まっていた。

　そうしたなか、元 UCLA のバスケ選手だったエド・オバノン氏が、2009 年に集団訴訟を提起した。オバノンの主張は、NCAA とその肖像権管理会社であるCLC、ゲーム会社のエロクトロニック・アーツ社（EA 社）に対して、学生アスリートの名前や肖像権、キャラクターの使用により手にした収入を学生アスリートへ還元しないのは反トラスト法（日本でいう独禁法）に違反しているというもので、2014 年の一審ではオバノンが勝訴した。この判決を受けて、CLC とNCAA の実在の選手の肖像を使用したビデオ・ゲームを販売していた EA 社は示談に応じ、ゲームに肖像を使われたスチューデント・アスリートに対し総額4,000 万ドルを示談金として支払った。また、全米労働関係委員会は、アスリート奨学金を受け取っている学生選手は、賃金契約のもとで雇用者の管理下にあることから労働者であると宣言した。

　NCAA は判決を不服として控訴した。その控訴審では、「アマチュアリズムがNCAA の商品としての人気を保っていること」、「学生選手が多額の報酬を受け

取ってしまえば、一般学生との断絶が生じて大学スポーツではなくなる」と訴え
た。控訴審では、NCAA の主張を認めつつ、「大学側は、学生選手が肖像権の対
価として卒業後に年間 5,000 ドルを上限とする報酬を支払うことが出来る」とし
て学生選手が対価を受け取ることについては、オバノンの主張も認められた。オ
バノンはこれを不服として最高裁に上告したものの、2016 年、最高裁は審理を
しないことを決定した。つまり、学生選手に肖像権が帰属することについてはオ
バノンの主張を認めつつも、プレーの対価として、（奨学金を大きく逸脱するよ
うな）多額の報酬を支払わないことについては、NCAA の主張を認めたことに
なる。

　今後については、これで一件落着となるかというと、恐らくそうはならないと
思われる。NCAA の矛盾については、現在進行形で、各地で論争が続いており、
2019 年 9 月には、学生選手がプロ選手と同じように代理人を雇ったり、企業と
スポンサー契約を結ぶことを可能とする法律を承認した。実際にこの法律が施行
されるのは 2023 年からとなるが、「パンドラの箱がついにこじ開けられた」と世
論の趨勢は賛成であり、NCAA は、選手の金銭授受におけるルールの見直しを
検討することを表明した。

　もうひとつ、NCAA が抱える矛盾のひとつとして指摘されているのが、高校
から直接、NBA 球団と契約できないルールである。2006 年以降、NBA は、高卒後、
最低 1 年を経てからでないとドラフト対象としない制度を導入した。先述した通
り、大学バスケットは、全米の注目を集めるから、そこで才能をお披露目したう
えで、晴れて NBA 入りするというのは、大学バスケ界にとっても NBA にとっ
ても興行上、嬉しいことである。日本の甲子園のスターがプロ入りするのと同じ
ようなイメージだ。才能ある選手からすると、NBA 入りが 1 年遅れるのは時間
の無駄であるばかりか、その間に怪我でもしたらどうするんだ、ということにな
るのは確かだが、現実を眺めると、NCAA ディビジョン I のバスケ部員の 70%
が NBA 入りできると思っているものの、実際にそこにたどり着くのは 1% 余り
である。先にも記したように、アメリカにおける大卒の価値は、日本とは比較に
ならないくらい大きいから、圧倒的大多数のバスケ選手にとっては悪くないルー
ルである。

　というのが、興行主サイド、つまり NCAA や NBA のロジックだが、選手やファ
ンは必ずしもそうは思っていない。ワン＆ダン（one & done）の俗称で知られ
るこの規制に対しては、報酬を得てプロとしてやれる選手が、NCAA の興行の

ために、1年間無料奉仕をする理由が見当たらないという批判は根強いものがある。具体的には、9月に入学して、3月のマーチ・マッドネスに出場して、6月のドラフトでNBA入りするのと、高卒即プロ入りする違いがどこにあるかわからない、18歳と19歳、17歳と18歳の違いはどこにあるのか、激しい練習と、大観衆の前での試合の繰り返しの日々なのは大学でもプロでも変わりないなどの意見が、NBA選手会を中心に表明されている。本稿執筆時点（2020年）では、NBAとNBA選手会は見直す方向で検討を続けている段階だが、近い将来、撤廃となる可能性もあるだろう。

8. UNIVAS

　そんなNCAAの矛盾も横目にしつつ、その創設の趣旨や掲げている理念については、素直に見習おうということで、検討を重ねられてきた日本版NCAAは、2019年3月、一般社団法人大学スポーツ協会（UNIVAS）が設立され、稼働に入った。

　先に記した通り、わが国には大学スポーツの中央統括組織が存在したことはなかった。日本の大学スポーツは、一般的にはマイナーな存在であり、アメリカのようなビジネス化はされてこなかったものの、東京六大学野球、箱根駅伝、ラグビー早明戦などなど、歴史と伝統に彩られ、日本の文化として広く認知された対抗戦は少なからずあり、日本のスポーツの発展や競技力の向上に大きな役割を果たしてきた。大学野球が、長嶋茂雄さんをはじめ、多くのスターを輩出してきたことはご存知の方も多いだろうが、オリンピアンの2/3は大学スポーツ出身者である。また、スポーツは大学の帰属意識の醸成に大きく寄与する存在でもある。自身が所属している大学を「うちの大学」という表現をすることは多いと思うが、こうした帰属意識を確認する、あるいは高める機会は、スポーツには多々ある。

　たとえば、野球部員がドラフトで指名されたり、箱根駅伝などで活躍すると、「うちの大学」が報道され、周囲でも話題になるが、そんなときは、母校への意識も高まるだろうし、時には誇らしい感情を持つこともあるだろう。

　冒頭に記した検討段階においても、日本のスポーツはこれまで教育の名のもと、産業化が十分になされていないことや、運営や組織の体制が不十分であること、逆に潜在成長力に満ちていることが確認され、大学スポーツはまさにその象徴的な存在であり、裏を返せば可能性に満ち満ちているということが確認されている。

2019年3月1日　UNIVAS誕生

設立理念　PHILOSOPHY

大学スポーツの振興により、
「卓越性を有する人材」を育成し、
大学ブランドの強化及び
競技力の向上を図る。
もって、我が国の地域・経済・社会の
更なる発展に貢献する。

図表8　UNIVAS の理念
（出典：UNIVAS）

人格形成、そして学内、卒業生、地域のコミュニティーの醸成、形成に役立つ。
つまり、スポーツの発展、社会の発展に寄与する資源といえる。

　UNIVAS が、運動部員、指導者、所属大学、および競技連盟による協働組織と
して機能すれば、いろいろな課題に協働して対応できるようになる。そして、も
うひとつ、各大学に、アメリカの大学におけるアスレチックデパートメント、つ
まり運動部を統括する部署を設置することも重要である。

　実際、これまでそうなっていなかったのが不思議だと考える向きもある。中央
統括団体で言えば、民間企業は経団連がある。農業者には農協がある。高校スポ
ーツは高体連。アメリカは NCAA、イギリスは BUCS という大学スポーツの統
括組織があるが、日本はなかった。なかった理由は、冒頭にも記したが、これま
で大学における部活動は自主自立の課外活動で、大学が直接コミットするもので
はないという考え方もあったのだろう。

　しかし、あらゆる組織でガバナンスが求められるような時代において、それで
いいのだろうか。先にも記した 2018 年に国民的関心事となった日大アメフト部
のタックル問題では、大学の運動部では、俗人的なお手盛り管理体制が、易々と
まかり通りことが露呈した。

　このようにガバナンスがない、ルールが確立されていない、ナレッジの共有が
されていないのは実にもったいないことである。すべて馬なり、法人化もされて
いないのだから、それもむべなるかなであるものの、大学や学連によっては、先

進的な取組をしているところも多々ある。たとえば、早稲田大学は、運動部員すべてを対象に、学業との両立、人格形成を骨子とした育成プログラム（早稲田アスリートプログラム、WAP）を作成し、2014 年から実施している。一般社団法人全日本学生柔道連盟（学柔連）は、登録選手に対して成績証明の提出を義務づけ、一定の単位を取得出来ていない学生には試合出場をさせないことにしている。早大や学柔連のような先進的な取り組みなどの情報を集約し、横展開するプラットフォームがあれば、発展はより促進されることになるだろう。

9. UNIVAS のいま

　ということで、3 年近く検討を重ねてきて、ようやく形になった UNIVAS。発足からほぼ 1 年を経た 2020 年 2 月時点で加盟大学は 223 で、これは運動部のある大学の 4 分の 1 を超える数字である。。加盟競技団体は 34 で、主な競技団体はほとんど加盟した。

　UNIVAS が達成しようとしているのは、アメリカの NCAA の理念とほぼ同じで、ひとつが、学業の充実、つまり文武両道。もうひとつが、学生スポーツ選手の安全と安心を守ること。そして、この文武両道と安全・安心を中心に、学生アスリートを支援し、学生スポーツに関わるヒトが幸せになるために必要な経費を作っていくために、プラットフォームを構築して、マーケティングを展開していこう

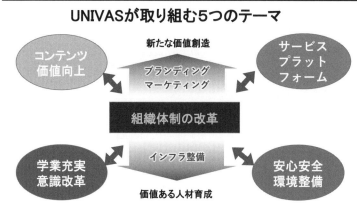

図表 9　UNIVAS が取り組む 5 つのテーマ
（出典：UNIVAS）

ということである。

　以下、発足してほぼ1年を経た現状を簡単に紹介してみたい。

1) 学業の充実

　学生アスリートが競技力向上に邁進しながら、学生の本分たる学業にもしっかりと注力できる環境を整備することを目的として以下の事柄に取り組んでいる。

・入学前教育プログラムの策定・普及
・学業基準の導入可能性の検討
・キャリア形成支援プログラムの策定
・各競技の大会日程が一覧できるカレンダーの策定

　これらの施策を実装していくにあたり、指導者の意識を高めるべく、全国6か所で指導者研修を実施しており、2020年度は、入学前教育プログラム、キャリア形成支援プログラムをパートナー企業にも協力をしてもらい、実運用にこぎつけることができる予定である。

2) 学生たちの安全・安心の確保

　学生アスリートが安心して競技に取り組める条件や仕組みの整備を目的として、以下の事柄に取り組んでいる。

・安全安心ガイドラインの策定・普及
・競技大会へのメディカルスタッフの派遣
・ハラスメントなどの相談窓口の設置等を検討している。

　相談窓口については、2019年10月、UNIVASのオフィシャルサイト内に「UNIVAS相談窓口」が設置され、各種ハラスメントや不正行為（試合の不正操作やドーピング等）について、加盟大学または加盟競技団体に所属もしくは所属後3年以内の選手、その親族、指導者、チームスタッフが相談できるようになっている。

3) 事業マーケティングおよびサービスプラットフォーム

　大学スポーツへ注目が集まり応援されるようなムーブメントを起こすことを目的としている。

・試合映像のインターネット上でのライブ配信
・競技成績でポイントを競う競技横断型大会「UNIVAS CUP」の開催

- 地域ブロックにおける大会運営への助成
- スポーツ優秀者表彰者制度「UNIVAS AWARD」の創設
- ビッグデータを活用したサービスの開発

　これまでになかった大学スポーツのプラットフォームとして、UNIVAS への期待は高く、AU、マイナビ、MS&AD インシュアランスグループホールディングス株式会社などが、趣旨に賛同し、上記の事業を推進するための資金が集まった。また試合配信の動画については、会員（大学、学連）に提示した目標数を大きく上回る配信を果たすことが出来ている。

　UNIVAS は加盟大学の意思の総意である。今後も、現場のニーズを中心に優先順位を決め、ひとつひとつ取り組んでいくことになる。

　こうして中央統括団体が発進したなかで、より重要性が増すのが、それぞれの大学が、アスレチックデパートメント（スポーツ局）を設置することである。各大学の運動部をひとつの部署で一括管理することで、ガバナンスを高め、学生や指導者を守ることはもちろん、運動部に関する情報を学内外へ発信することで、OB、OG、現役学生、教職員のアイデンティティー醸成に必ず寄与することになる。アメリカでは、たとえばハーバードのような学問で有名な大学でも、スポーツ以上に帰属意識を実感できるツールはないと、認識されている。このスポーツ局の設置については、検討段階においては、加盟の要件とすべしとの声も高かったが、まずは加盟してもらい、加盟大学の意思としてそうなるほうがベターであるとして、現在は、加盟大学にスポーツ局設置の意義への理解を深めてもらっている段階である。

10. UNIVAS のこれから

　2019 年 3 月 1 日の発足時から、いくつかの有名大学が UNIVAS への加盟を見送った。それぞれの大学にはそれぞれの事情があるが、筑波大学のように、競技団体と大学が同列の立場で UNIVAS に加盟することに対して明確に異を唱えたケースもある。いずれにしても、日本の大学スポーツの興行権や学生アスリートの肖像権等の多くの権利は、各競技連盟に帰属している。そのため、各競技連盟の UNIVAS への協力体制を構築する必要があるというのが、UNIVAS 設立時の基本方針である。このような UNIVAS について、現状を追認しているだけであり、興行権などを含めた事業化をもっと積極的に推進すべきだという批判もある。

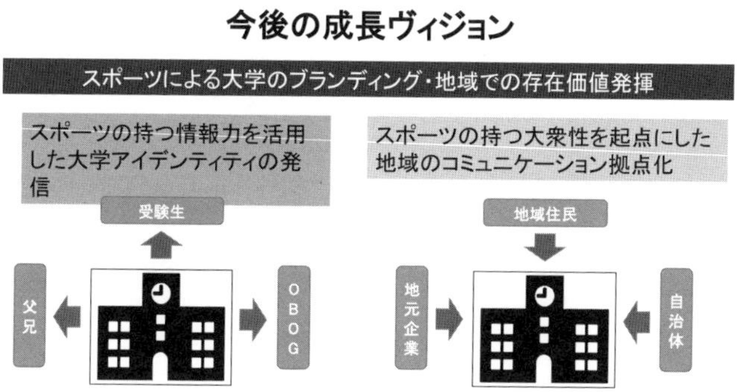

今後の成長ヴィジョン

図表 10　UNIVAS の今後のヴィジョン
（出典：UNIVAS）

　いずれにしても、文部科学省の「令和元年度学校基本調査」によると全国に大学は786校あり、UNIVASには、223校が加盟しているため、全体の4分の1以上の大学が加盟している。4年制大学のうち運動部活動をしっかり行っている大学はもっと少ないであろうから、UNIVASの影響力は小さくない。

　いま現在、競技団体がほぼ独占している試合の権利や選手の肖像権等の各種権利の調整や各競技団体と大学の役割の整理をUNIVASに求める声が、加盟大学や加盟している学連の間で高まるような信頼を得ていくことが出来れば、UNIVASは、大学スポーツのプラットフォームとして、大学スポーツの活性化に大きな役割を果たすことが出来るようになるだろう。

7

早稲田スポーツのガバナンス
―競技スポーツセンターの活動を中心に

石井昌幸 （早稲田大学）

1. はじめに

　現在筆者は、早稲田大学にある 44 運動部を統括する「競技スポーツセンター」
（以下、競スポ）の所長を務めている。本稿は、その経験をもとに書いたものである。
前半では、早稲田大学の「体育各部」がどのような組織体制のもとで、どのよう
に運営されているのかについて概観する。後半では、早稲田スポーツという一大
学スポーツについて、競スポという組織を預かる者として日頃考えていることを
まとめてみた。

2. 競技スポーツセンターと体育各部

2-1 はじめに

　2003 年、早稲田大学（以下、早稲田）ではそれまで「体育局」と呼ばれてい
た組織が「競技スポーツセンター」に改組された。同年は、スポーツ科学部がで
きた年でもある。体育局と競スポの最も違う点は、次の点だろう。体育局は、運
動部の統括だけでなく、一般体育が必修だった時代以来、その運営を担っており、
体育局を本属とする専任教員が複数いた。これに対して、競スポは体育各部 44
部を統括するガバナンス組織に特化していて、ここを本属とする教員はおらず、
教員からなる所長 1 名、副所長 3 名が 2 年任期の役職として活動している。また、
事務長以下、常駐の専任職員・スタッフ計約 12 ～ 13 名ほどが日々の業務を支え
ている。

2-2 組織の概要

　厳密に言うと、現在、早稲田には「体育会」というものは存在しない。競スポが統轄する 44 の「体育各部」がこれにあたる。サークルと区別するために、便宜上「体育会」という呼称がもちいられることはしばしばあるにせよ、制度的には早稲田には体育会というものはない。これは、早稲田スポーツのガバナンスを考えるうえで基礎的な事項である。

　たとえば、慶應義塾大学の場合、そのホームページを見ると、「文化団体連盟」88 団体と並んで「体育会」という組織が明記されている。慶應では（そしておそらく多くの私立大学でも）、体育会とサークルの両者を学生部が直接所管しており、その意味で体育会も、サークルと同じく一種の学生自治組織であり、いっぽうでそれは、大学よりは OB 会とのつながりが強い組織になっていると思われる。早稲田の場合には、いわゆる「サークル」は学生部の所管で、「体育会」にあたる「体育各部」は競スポの下で別組織になっている。ただし、競スポは学生部の外郭団体のような位置にある。学生自治が強いイメージの早稲田ではあるが、制度や組織構造、その他さまざまな点で、おそらく他大学に比べて今日では早稲田のほうが、運動部に対する大学の直接関与が強いと言えるだろう。

　44 部は、基本的にすべてが同じ構造となっている。部の運営のトップにいるのは部長（昨年から、副部長制度が新設された）で、教授がその任にあたる。競スポおよび早稲田スポーツの運営上の意思決定機関は、教授・職員からなる「競技スポーツセンター管理委員会」と、部長たちからなる「部長会」で、原則として 2 ヶ月に一度併催される。この管理委・部長委と競スポ所長との関係については、のちにもう少し詳しく触れる。

　現場の指導にあたるのは、部長の推薦により大学から委嘱された監督・コーチ（大部分が OBOG）である。部によっては、運用上「総監督」や「〇〇担当コーチ」などを置いている場合はあるが、大学側の枠組みには基本的に「監督」（いくつかの部で「部門監督」）と「コーチ」しかない。

　部員にも、さまざまな役職がある。まずは、主将と主務。両者は「代表委員」と呼ばれる。主将はもちろん、主務の役割も非常に重要である。ほかに、副将・副務・マネージャー・トレーナー・学連担当ほか、部によってさまざまな役職や係を学生たちが分担して行っている。

　現在、体育各部に登録している学生数は毎年約 2,500 ～ 2,600 名で、学部学生全体の 5％ほどである。学部別に見てみると、スポーツ科学部（以下スポ科）が

約 3 割で、残りの 7 割はさまざまな学部に散らばっている。スポ科の割合が意外に低いと思われるかもしれないが、野球、ラグビー、陸上競技、サッカー、庭球ほか、単独で見るとスポ科生の割合が高い部もある。いっぽう、これらを含むほとんどすべての部で、スポ科以外の学生が活躍してもいる。男女比はおおよそ男 7：女 3 である。

　部の運営にかかる費用は、約 1/3 が大学からの補助、約 1/3 が OB 会等外部組織からの支援、約 1/3 が部員自己負担となっている。ただし、予算規模は部ごとの個別性も大きい。

2-3 競技スポーツセンターのサービス

　競スポは、44 部にさまざまなサービスを提供している。保険加入手続き、健康診断にはじまり、経理処理、部長・指導者・部員・保護者等からの相談への対応、部からの要望への対応、スポーツ施設および寮の管理・運営・修繕、各種試合の応援、行事の手配や実施、WAP（後述）の運営、「試合等参加届」（試合や合宿等で授業を欠席しなければならない場合、学生はこの届を授業担当者に提出することができる。ただし、いわゆる「公欠」ではなく、その扱いは科目担当教員に一任されている）の発行、稲門体育会（後述）とのやり取り、各種トラブル対応など。ほかに、WAP テキスト・スポーツ年鑑・卒業アルバムなど、各種印刷・出版物の発行や、最近では、ホームページやフェイスブック等による情報発信も行っている。

　競スポはまた、毎年さまざまな年間行事も提供している。代表的なものとして以下のようなものがある。まず、毎年 5 月の風物詩とも言えるのが、「入部式・新入生パレード・宣誓式」である。高田馬場駅から早稲田通りを新入部員がユニフォームを着てパレードし、大隈講堂前で「宣誓式」を行い、続いてガイダンスが行われる。年に 3 回開かれる WAP 講演会では、さまざまなゲストを招いて講義を聴く。敬老の日には、東伏見グラウンドを中心に「早稲田スポーツフェスタ in 東伏見」が開催される。2012 年に始まったこのフェスタは、いわば早稲田スポーツのファン感謝デーで、いまでは毎年 5,000 人を集めるイベントに成長した。年 2 回、2 月と 7 月に行われる「監督連絡会議・コーチサミット」も、きわめて重要な行事である。各部の指導者が一堂に会し、研修や懇親を行う。早慶戦優勝部祝賀会（通称カレーの会）では、早慶戦に勝利した部すべてが集まり、総長から表彰を受けたあと、総長主催の昼食会が行われる。年度最後の大きな行事は、

「卒業謝恩会・表彰式」である。ここでは競技成績（学生日本一）の表彰と並んで、WAPの各種表彰が行われ、その後に卒業謝恩会が開かれる。

　その他の細かい日常業務等も含めて、競スポは、およそ体育各部に関わることすべてに日々対応しているが、将来に向けて新たな施策にも着手している。いくつか例をあげると、まず、早稲田スポーツのブランディングに、さまざまな側面から取り組み始めた。現在、大学スポーツにおいても外部資金導入が求められているが、いまのところ大学スポーツの「価格」は定まっていない。外部資金獲得について各部の現状把握から、スキームやルールの策定を開始したところである。一般学生に早稲田スポーツをより身近に感じてもらうために、結果・試合予定案内や選手のインタビューなどを学内のデジタル・サイネージで流すようなことも少しずつ始めている。こうした情報発信は、各部独自にも始まっている。また、先日のコーチサミットでは、「高大連携」をテーマに、附属系属の先生方にもプレゼンしていただくなどして、早稲田スポーツにおける今後の高大連携の可能性について考えた。ここには田中愛治総長と河野洋平稲門体育会長もおいでになり、貴重な意見をいただくことができた。44部のなかには、部員確保に悩む部が複数ある（逆に、部員数増加の部をどうするかという問題も存在するが）。そのような部を強化するために、来春から「大学から始めても出場可能性がある部」をコンセプトに新入生説明会も行う予定にしている。

2-4　早稲田アスリートプログラム（WAP）

　早稲田アスリートプログラム（WAP）は、2014年度に始まった、競技スポーツセンターが提供する教育プログラムである。体育各部全部員が対象で、早稲田大学体育各部に入部するということは、WAPという、いわば放課後プログラムの受講生となるということになる。アメリカのNCAAに着想を得たものだが、NCAAの多様な活動のなかから学業優先の理念の部分だけを取り出して、「文武両道」のプログラムとして早稲田流にアレンジしたものと言える。WAPには、ふたつの柱があって、「部員の人格陶冶のための教育」と「原則4年で卒業するための修学支援」である。

「人格陶冶のための教育」は4つの主なプログラムから成る。①アスリートとしての教養②キャリア形成③ボランティア・地域貢献活動④国際交流である。具体的には、（1）オリジナルテキストの配布（2）テキストと連動したオンデマンド講義の配信（3）講演会とセミナー（4）キャリア形成支援行事（5）社会貢献プ

ログラム（6）半期ごとの「振り返りレポート」などである。

「修学支援」のほうは、①学業情報管理②アカデミックアドバイザーの配置③褒賞が三本柱だが、②のほうはいまだ十分に整っていない。①学業成績管理においては、まず全部員の学業情報（登録単位数・修得単位数・GPA 等）を学期ごとに競スポが把握する。「要指導単位」と「最低基準単位」が設定されていて、学期ごとに「要指導単位」を下回った部員については、部長に指導を依頼する。「最低基準単位」を下回った場合には、それが初めてだった場合には部長から注意があり、連続する 2 学期において下回った場合には、部長の判断で「練習の制限」や「対外試合の出場停止」といった措置をする場合がある。

　逆に、学業成績優秀な部と個人には褒賞が授与される。部員の平均通算 GPAが最も高い部に与えられる「最優秀学業成績団体賞」と、4 年生部員のうち在学中最も高い通算 GPA を獲得した者に与えられる「最優秀学業成績個人賞」、および上位 10%の通算 GPA を獲得した者に与えられる「優秀学業成績個人賞」がある。3 年生以下には、学年ごとに当該年度履修科目において最も高い GPA を獲得した者に与えられる「年間最優秀学業成績個人賞」と、当該年度履修科目において上位 10%の GPA を獲得した者に与えられる「年間優秀学業成績個人賞」がある。

　WAP が始まって 2020 年度で 7 年目に入る。この計画が発表されたとき、そのような「締め付け」をすると競技成績に悪影響を及ぼすのではないかと懸念する声もあったと聞いている。しかし、WAP 実施の前後で競技成績に特に変化は見られない。学業成績が大きく改善されたということもないが、WAP が部員の日常の一部となり、いわゆる「文武両道」という観念が部員にも指導者にも浸透することで、成績の底上げにつながったという実感はある。

　もともと、体育各部員の留年者数は、一般学生に比してけっして多いわけではなく、むしろ少なかった。また、44 部で GPA トップを取るアスリート学生は各学部に散らばっていて、しかも所属学部のトップであるということが、しばしばあった。これにより、「運動部員＝脳ミソ筋肉」のような明らかな偏見を学内外で払しょくするのに大いに効果があったと思う。早稲田スポーツ精神の原点を作ったとも言える安部磯雄教授が述べたように、「理想の運動家は、理想の勉強家」たりうるのである。

3. もしも競スポ所長が『もしドラ』を読んだら

　ところで、筆者はマネジメントやガバナンスの専門家ではない。教員の役職として競スポを預かっているということで、本書の発行主体である「スポーツナレッジ研究会」で「早稲田スポーツのガバナンス」という演題での発表を依頼された。そこで、この業務について日頃漠然と考えていることを、マネジメントやガバナンスの文脈に接続する上でのヒントを与えてくれそうな書籍はないかと書店に入り、ビジネス書の棚を眺めていたところ、たまたま『もし高校野球の女子マネージャーがドラッカーの『マネジメント』を読んだら』(『もしドラ』)が目にとまった。書名はもちろん聞いたことはあったのだが、読んだことはなかったので、専門家には「いまさら」と思われるのを承知で、とりあえず読んでみることにした。

　『もしドラ』を強引にまとめるなら、「弱小野球部のマネージャーになった女子高校生が、ドラッカーの『マネジメント』を読んで、チームをマネジメントしようとする話」となるだろうか。主人公の川島みなみは、部活動の運営を企業経営とのアナロジーでとらえ、ドラッカーの経営論をそのまま自校の野球部にあてはめることで成功する。同書には大いに触発されたが、同時に、いま自分の目の前にある早稲田スポーツとの多くの相違点も感じた。もし『もしドラ』のメソッドを、そのまま早稲田スポーツに応用したら、上手くいくだろうか？

　『もしドラ』の主人公は、運動部活動の強化に企業経営の方法を持ち込んだ。言うなれば、企業と運動部とをアナロジカルな思考でとらえ、経営学の「古典」に書かれた方法を運動部にそのまま応用したわけである。たしかに、スポーツ界に会社経営のメソッドを持ち込んだり、逆にスポーツのコーチング法を社員教育に応用したりといった試みは、昨今盛んである。スポーツ強化と会社経営との間には、一定の方法的互換性があるからであろう。それでは、早稲田大学体育各部のガバナンスを会社経営とのアナロジーで考えることは、どの程度有効であろうか。

　まず、対象の持つ前提条件の違いを考えておく必要があるだろう。『もしドラ』の舞台、都立程久保高校野球部は、それが無名の弱小公立校野球部であったがゆえに、いわゆる「ブルーオーシャン」だったと言える。主人公は、多くの苦労はしたにせよ、結果的に一人で自由に全体をリードすることができた。これに対して、早稲田大学体育各部とそれを取り巻く環境は、完全な「レッドオーシャン」である。ほとんどすべての部が「日本一」という目標を掲げて長年活動している

し、常にさまざまな熱意あふれる担い手（＝アクター）たちが多様な形で積極的に関与している。ここは、程高野球部と早大体育各部との大きな前提条件の違いである。

3-1 3つのアナロジー

　川島みなみが経営学の観点を持ち込んだのは「競技力の強化」という点においてのみだから、それを競スポと体育各部のガバナンス全体にあてはめることは、ややずれていることになるかもしれないが、早稲田スポーツを企業とのアナロジーで考えると上手くいくか？という問題についてもう少し考えてみたい。結論から言うと、組織としての早稲田大学競技スポーツセンターおよび体育各部は、企業とのアナロジーでも一定程度理解することはできるが、それだけでは十分でない。アナロジカルな思考を試みる際に確認しておくべきことのひとつは、対象を別のアナロジーによっても説明できないか、という点だろう。そうしないと、類似点ばかりに目を向けて、思考を無理やりそちらに引き寄せて（いわゆる確証バイアス）しまい、別の重要な側面を見落とすことになるからである。筆者の考えでは、企業とは異なるアナロジカルな対象を想起すべき、さらに3つの「顔」を、競スポと体育各部は持っている。

　ひとつめは、「自治体」とのアナロジーである。これは主に競スポに関することで、学校と企業との組織上の違いとも言える。私立大学は、一個の民間の経営体だという意味では、たしかに企業的な側面を持つ。しかし、学校には当然、学問のための自治組織という、経営とは別の側面がある。どこの私立大学でも経営体としての学校の長は理事長で、教育・研究の長は学長である。早稲田の場合には、選挙によって選ばれた「総長」がその両者を兼務するところに大きな特徴がある。

　大学の教育・研究機関としての側面を、早稲田では一般に「教学」と呼び、経営体としての部分（理事会が中心）を「法人」と呼んでいる。組織構造という点で言うと、教学側は企業体ではなく自治体がモデルになっているように見える。たとえば、それぞれの学部（学術院）には教授会があり、学部長（学術院長）がいるが、教授会と学部長との関係は、いわば直接民主制による議会と首長との関係のようになっている。学部長は教授会から選挙で選ばれると、「執行部」と呼ばれる内閣を作って学部を運営するが、学部運営に関わる重要事項は教授会の議決を経ないと実行することはできない。また、そうした運営の実務を担っているのは大学職員であるが、じっさいに何かを動かそうとすると、彼らの知見や経験

はかならず必要になるから、学部長をはじめとする役職教員（執行部）と職員機構との関係は、一面において政治家と官僚機構との関係に似ている。ここのところも、教学側が経営体よりも自治体に似ていると考えられる理由である。

　早稲田スポーツのガバナンスにおいて見落としてはならない特徴は、（体育局の流れを汲む）競技スポーツセンターは、教学組織であるという点である。したがって、その構造は基本的に学部と同じになっている。先述のとおり、競スポには「競技スポーツセンター管理委員会」というものがあり、これが「部長会（44部の部長により構成）」と併催という形で通常2ヶ月に1度開かれる。競スポ所長は管理委員会・部長会に責任を負う執行機関の長だから、この会議体の議決を経ないと何かをすることはできない。その分どうしても意思決定は遅くなるが、教育という観点からは安定した判断ができていると思う。もっとも、自治体的であるのは、あくまで教員団（ファカルティー）の機構としてで、ほとんどが学外者である監督・コーチ・選手には、「政治家」を選ぶ権利はない。また、競スポ所長は部長や管理委員の互選で選ばれるのではなく総長の指名による点は、学部とは異なる。

　逆に、大きなお金の決済などは「スポーツ振興担当理事」の仕事である。アメリカのアスレティック・ディレクターは、単独で予算や事業を執行できるような巨大な権限を持っていると聞くが、競スポ所長には、そのような大きな権限はない。こうした組織のあり方は、「早稲田スポーツのガバナンス」を考える上で非常に重要である。UNIVAS（大学スポーツ協会）が提唱している「スポーツ・アドミニストレーター」の配置はアメリカの大学がモデルで、もしもこれをそのまま受け入れたとしたら、それは結果として早稲田スポーツのガバナンスの中心を教学側から経営側に移すことを意味することになるだろう。関係者にすら意外に意識されていないが、このことはじつは、早稲田スポーツのかなり根本的な「哲学」の変更を意味することになると私は思う。

　アナロジーの2つめは、「軍隊」である。運動部を軍隊に喩えることには当然語弊があるし、誤解を招くかもしれないが、スポーツチームを「○○軍」のように呼ぶことは洋の東西を問わず広く行われているというところで、とりあえずお許しいただきたい。スポーツチームの現場それ自体は、「勝利」を一義的な目的として活動する一種の「戦士集団」としての顔を持っている。このことは、次項で述べることとの関わりで、部長という独特の立場を難しいものにしかねないから、これもガバナンスの問題と関わっている。ここでも誤解を恐れずに言えば、部長制度は一種の「シビリアン・コントロール（文民統制）」のような体制であ

る。すなわち、もともと当該運動部にまったく関係なく（一部の例外を除いて）、スポーツにすらほとんど関わったことのないさまざまな学部の教授たちがこの任を負っているからだ。これは、「現場」に直接関わりのない人間をトップに置くという、大げさに言えばプラトンの「哲人支配」的な構造になっているとも言えるかもしれない。

　3つめは、「家族」のアナロジーである。OBOG会も含めたクラブ組織は、「疑似血縁集団」とでも言うべき一面を持っている。部員はもちろん、OBOGたちも部の運営を無償で、というよりもお金を出して行っている。運動部は多くの場合、強い愛情・愛着によって支えられた情緒的な共同体でもある。

「軍隊」的な側面と「家族」的な側面は、早稲田に限らず、運動部的心性としての独特の「ウチソト意識」を醸成することになる。この「ウチソト意識」を適切に理解していないと、運動部という組織をガバナンスするうえでつまづくことになると思う。

3-2 ウチソト意識

　部の「ウチソト意識」は、おそらく同心円状になっている。いちばんウチ側にいるのは現役部員である。その外側に監督やコーチやサポートスタッフなどの大人がいる。ここまでが最もコアな部分、すなわち「現場」である。すでに述べたように、「軍隊（戦士集団）」的な側面は、同じ大人でも、部長という存在を時に居心地の悪いものにすることがある。監督やコーチは「軍服（ジャージ）」組としてウチととらえられ、部長は「背広組」としてソトととらえられるからだ。部長のことを「試合と会合にだけ現れる良く知らないオジサン」のように思っている部員も多いのではないだろうか。

　その意味では、同じ大人でも、部の運営面で関わっているOBOGは、監督・コーチの外の円にいるウチの人間で、さらに一般のOBOGがその外円にいる。各部にはそれぞれに、ウチの人間なら皆が知っている、口承で伝えられた逸話や伝説があり、英雄的な先輩がいる。いわば、伝統やノスタルジーのような集合的記憶を共有することでつながる強固な「われわれ」集団である。

「ウチソト意識」は、ふだんはそれほど目に見えないかもしれないが、重要な局面ではかならず顔をだす。たとえばかつて、あるスポーツ・トレーナー専門の教員が学生トレーナーのサークルを立ち上げ、そこで専門教育をした学生トレーナーを各部に派遣しようとしたことがあったが、結局うまくいかなかった。部員た

ちは、部の一員として 1 年生のときから毎日一緒に活動した者でないとメンバーとは見なさなかったためである。現在、各部は自前のトレーナーを部員として在籍させている。

　ウチとソトの峻別は、OBOG においても発現することがある。たとえば、ある部では 40 歳以上と 50 歳以上の OB チームがあって、それぞれの年齢別リーグに参戦しているが、試合で必要な人数が揃わないことも多い。そのために相手より少ない数で試合に臨んで大敗することすらある。それでも OB 以外から人を入れることはない。エンジのユニフォームを着て良いのはウチの人間だけだからだ。

　しかし、部における「ウチソト意識」は決して悪いものではないし、むしろ必要ですらある。戦士集団としての部の「現場」では、勝つために内部における強い心理的凝集性が必要だからである。だから、そうした凝集性がソトからの干渉により阻害されるのではないかという心理機制が働くと、凝集性を守ろうとして「上（ソト）から」のガバナンスやマネジメントを敬遠したり拒絶したりすることがある。この点に留意し、一種の官僚機構としての競スポが、現場の凝集性を阻害しないというメッセージを送り続けることが重要となる。

　大学（競スポ・部長）という一種のソトと、現場・OBOG というウチとのあいだの調整機能を果たしてくれているのが、44 部の各 OB 会と、その連合体である「稲門体育会」である。各部 OB 会は、会費や寄付によって部の運営を支えるほか、監督・コーチなどの人材バンク的役割も果たしている。また、稲門体育会は毎年、稲門体育会賞・体育名誉賞などを現役部員に授与し、早稲田アリーナ新設の際には多額の寄付を集め、そのアリーナ内に早稲田スポーツ・ミュージアムが設置されたのも、この組織の力による。2018 年からは、河野洋平会長の強い意向で、各部最低 1 人は女性委員を出すことを決定した。総長にも直接意見をすることすらできる一種の「ロビー団体」としての顔も持っている。

　しかし、大学スポーツのステークホルダーは、部のウチにいる現役や指導者、OBOG だけではない。ソトに目を転じると、そこにもさまざまな人たちが関わっている。保護者はもちろん、一般の観客やファン、支援してくださる企業、「早稲田スポーツ新聞会（早スポ）」やウルトラス（サッカーのサポーター・サークル）といった学生サークルなどなど。図 1 は、そうした早稲田スポーツを取り巻くさまざまなアクターたちを思いつくままに入れてみたものである。

　以上、『もしドラ』から着想を得て、体育各部というものをアナロジカルな思

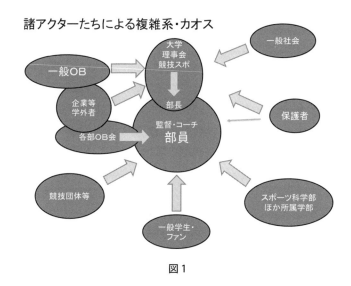

図1

考によって眺めてみた。早稲田大学体育各部は、レッドオーシャンであり、諸アクターたちの力がせめぎあう一種の複雑系・カオスであると考えてみる必要がある、というのが筆者の結論である。こうしたさまざまなアクターが関わる組織をマネジメントしていくためには、体育各部を単線的な閉じた系としてではなく、開かれた複雑系・カオスとして緩やかにまとめる態度が必要である。諸力が自生的に成長するのを、ときに傍観し、ときに促し、ときに抑制しながら、それらを個別に丁寧に調整して、その都度最適化をはかるというスタンスが求められる。これは、容易なことではない。

4.　早稲田スポーツと諸価値の最大化

　ところで、昨今の大学スポーツをめぐる議論に、それを「コスト・センターからプロフィット・センターへ」と転換すべきだというものがある。しかし、私見では、これでは単純な善悪二元論、すなわちコスト悪玉←→プロフィット善玉というに二項対立的思考（図2）に陥ってしまい、単線的で閉じた系ができてしまうことで、結果ジリ貧となる。これを回避するために、筆者としては第三項を立てて考えてみたい。3つ目の項は、「価値（ヴァリュー）」である（図3）。というより、「諸価値（ヴァリューズ）」と複数形で表したほうがよいだろう。これは、

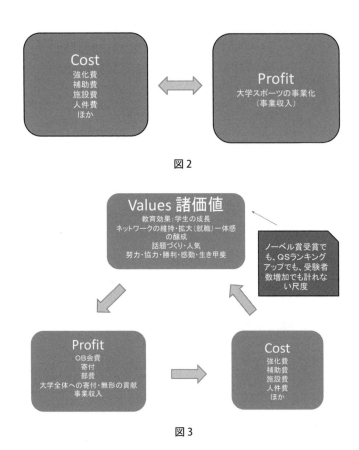

図2

図3

一昨年早稲田大学で開かれた「スポーツ人類学会」のシンポジウムでの文化人類学者ニコ・ベズニエ氏の講演に学んだことだが、スポーツには、経済的な価値（単数系の value）には還元できない複数の諸価値 values がある。

　すでに述べたとおり、スポーツチームは、なによりもまず一種の戦士集団であるから、競技そのものにおいて勝利を目指すことが最も重要な「価値」となることは言うまでもない。ここがなおざりになってしまったら、諸価値の根本が揺らぐことになる。日々のトレーニング・選手管理（怪我・フィジカル・メンタル・栄養）などによって勝てるチームづくりを行い、そのことによって現場の成員に強豪チームのメンバーであるという満足、自己有能感、自己承認欲求の充足、挑戦欲求などを生み出す必要がある。

　チームの勝利という単一の目標に向かうなかで得るさまざまな経験は、若者の

成長にとって教育的な価値を持つ。これは、スポーツでなければ得られないものではないだろうが、スポーツにはそうした価値の象徴のような面がある。このことを社会や企業の側から見れば、体育各部の活動経験をとおして、学校からヴァリュアブルな人材が提供されるという価値になるはずだ。

学生時代にともに汗を流した仲間、同じ経験や物語を共有する先輩・後輩とのネットワークに加わることは、学生にとっては就職活動や卒業後のさまざまな局面における価値となる。逆に OBOG 組織からするなら、新たな人材がそこに加わることで、そうしたネットワークの維持・更新・拡大に貢献し、そこからまた指導者・運営者人材が輩出されるという価値を持つ。

大学スポーツが安定したガバナンスの下に行われ、学生を価値ある人材に育てて送り出すことができれば、それは保護者から見ると、子どもを確固たる組織に預けているという安心感と満足が得られるという価値につながる。ほかにも、学校経営という面から見ると、運動部は話題づくりや人気、一体感の醸成にも一定程度寄与するだろう。私立学校としては、それは寄付金額にもある程度は反映されるはずだ。

プロフィットという一元的な価値には還元できない、スポーツが持つこうした「ヴァリューズ（諸価値）」を、思い切って抽象化して「喜び」という言葉に置き換えてみよう。「喜び」は抽象的かつ情緒的な言葉なので、具体性がなく、そのぶん危険でもあるのだが、ここではあえて『もしドラ』風に次のように考えてみる。「早稲田スポーツの存在意義と目的は、それに関わるすべての人たちに喜びをもたらすことだ」と。喜びのありかたや、その強度は、人それぞれである。しかし、する者も、みる者も、支える者も、早稲田スポーツに関わるすべての人が、それに関わることで、努力・協力・勝利・感動・自己実現、生き甲斐などの言葉であらわされる、きわめて人間的な諸価値を、個々の求めに応じて味わうことのできる象徴的な場、あるいはそのアイコンとなること。これが早稲田スポーツの存在意義と目的であると。これらは、かりに卒業生や教員がノーベル賞を受賞しても、大学評価世界ランキングがアップしても、受験者数が増加しても実現できない、数値化できない「諸価値」である。

早稲田スポーツに関わる人びとの、さまざまな喜びを個々に最大化させること。すなわち、利潤を最大化すること（Profit Maximization）でも、コストを最小化すること（Cost Minimization）でもなく、早稲田スポーツがもたらす諸価値を総体として最大化すること（Values Maximization）。それこそが、競スポ所長として

の私の使命であり、競スポが行うあらゆる事業・活動は、すべてのベクトルがそこに向かっていなければならない。そしてそれが、早稲田スポーツ（という複雑系・カオス）におけるガバナンスの最適解であると思うのである。

5. おわりに

　毎年600人強の学生が体育各部を経て社会へと巣立っていくが、「スポーツでメシを食う」という学生は（その範囲をどこまでと考えるかにもよるが）せいぜい20人というところではないだろうか。ましてや、一生スポーツを糧に生きていける者は、ごく限られている。ほとんどの部員は、普通の社会人となる、普通の学生だということである。その意味で筆者は、「ニュー・アマチュアリズム」という言葉を自分の仕事の指針のひとつにしている。お金は否定しない。奨学金、施設、指導者等々、諸価値を最大化するためのさまざまな環境を整備するには、外部資金獲得の努力はいまや必須である。だが、それでも大学スポーツは教育の一部であり、選手たちはアマチュアなのである。

　近年とかく批判されることの多い運動部活動であるが、広い意味での教育的な価値を持ちながら、同時に日本のスポーツ界において、さまざまなスポーツの普及も、トップアスリートの育成も、その多くを部活動が担ってきたというのもまた事実であろう。その意味で、最後に余談だが、"BUKATSU"というこの日本独特のスポーツ・システムが（負の側面も含めて）、英語の辞書に載る日がこないだろうかと思うのである。

総合型地域スポーツクラブのガバナンス

南木恵一（一般社団法人とやまライフデザイン研究所／
元富山県広域スポーツセンター専任指導者）

1. はじめに

　本章で述べる総合型地域スポーツクラブ（以下、総合型クラブという）に筆者
は1999年度から富山県教育委員会が文部省（現、文部科学省）から受託した「広
域スポーツセンター育成モデル事業」の専任指導者として関わった。出向終了の
2007年3月まで県内外で、地域スポーツの課題解決には総合型クラブがシステ
ムとして有効であると啓発してきた。現在は総合型クラブのセカンドステージ支
援を細々とではあるが、継続している。また、民間フィットネスクラブおよび総
合型クラブを活用した行政施策の実現、地域課題の解決施策の展開を目指して活
動している。

　この総合型クラブに統治（ガバナンス）が機能しているかと問われれば、疑問
の余地は挟めない。本章で総合型クラブのガバナンスに関する環境の現状と課題
について述べていきたい。

2. 総合型クラブ施策

　総合型クラブ施策は1995年（平成7年）より文部省（現、文部科学省）が推
進するスポーツ振興施策である。当初は育成モデル事業として全国の市区町村教
育委員会に向け、事業を推奨・展開を目指した。しかし、育成モデル事業への申
請が思うように伸びず、1999年（平成11年）より広域スポーツセンター育成モ
デル事業を展開し、その流れから一気に総合型クラブ育成が進んだ。

2-1 全国の総合型クラブ設置状況

平成 30 年 7 月現在の全国の総合型クラブ育成状況は以下のとおりである。

- ・育成数　　　　3,599（全市区町村 1,741 の内、1,407 市区町村（80.8％）で育成）
- ・会員数　　　　約 7 割（66.4％）のクラブは 300 名以下、約 1 割（7.5％）の
　　　　　　　　　クラブは 1001 名以上

　　　　　　　　　　　　　　　　　　　　　　　　　　　総数は 240 万人と推定 [1]
- ・年間予算　　　約 4 割（35.0％）のクラブは 100 万円以下、約 2 割（19.9％）
　　　　　　　　　のクラブは 1,000 万 1 円以上
- ・会費月額　　　約 5 割（51.5％）のクラブは 200 円以下、約 1 割（14.9％）
　　　　　　　　　のクラブは 1,001 円以上
- ・活動拠点施設　公共スポーツ施設が 49.8％、学校体育施設が 37.9％

　平成 24 年度までは、クラブ数は毎年 100 クラブ以上増加していたが、近年は、創設クラブ数の減少とクラブの廃止・統合によりクラブ数増加は緩やかになっている。クラブを廃止した理由としては、「クラブ運営スタッフの確保が難しくなったため」、統合した理由としては、「クラブ運営の効率化を図るため」が多くを占めていた。

　私見ではあるが、市区町村育成率 80.8％、総合型クラブ育成も一手段であった

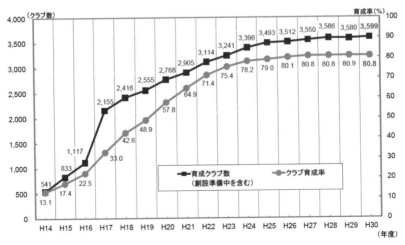

（文部科学省・スポーツ庁「総合型地域スポーツクラブ育成状況調査」結果に基づき集計）
※総合型地域スポーツクラブ数 については、創設準備中を含む。

図 1　総合型クラブ設置状況

成人のスポーツ実施率 50％達成等、数値目標の達成から見ると、文部科学省が過去に施策として展開してきた、「地域スポーツクラブ連合育成事業」や他省庁施策（厚生労働省施策「健康日本 21」等）と比較しても成功率の高かった施策ではないだろうか。

2-2 富山県の総合型クラブ設置状況

富山県では平成 8 年の旧福野町（現、南砺市福野地区）で文部省の総合型クラブ育成モデル事業が実施され、その後、国の育成モデル事業、2000 年とやま国体の国体基金の活用、スポーツ振興くじ助成等を積極的に活用し、総合型クラブ育成に取り組まれてきた。現在、15 市町村（旧 35 市町村）、全市町村に 63 クラブが活動を展開している。

- 総会員数：40,495 人　対人口比：約 4％
- 1 クラブ平均会員数：約 643 名　Max 4,063 名（クラブ活動エリア人口の約 25％）
- 会員数 1,001 名以上のクラブ：14 クラブ（県内約 22.2％　全国約 7.5％）
- 会員数 300 名以下のクラブ：27 クラブ（県内約 43.5％　全国約 66.4％）
- 法人格取得クラブ：38 クラブ（県内約 60.3％　全国約 34％）
- 指定管理受託クラブ：14 クラブ（県内約 23.1％　全国約 5％）

（平成 30 年 7 月現在）

富山県内の総合型クラブは地域課題解決を担う新しい公共として、行政から介護予防事業の受託や放課後児童クラブにおけるスポーツ機会の提供、学校運動部活動や体育授業等への指導者派遣、障がい者への定期的なスポーツ機会の提供など、多様なニーズや地域課題に応える取り組みを実施しているクラブも多く出てきている。

3. 総合型クラブにおけるガバナンス

スポーツ庁はスポーツ団体が適切な組織運営を行うための原則・規範として、令和元年 6 月に中央競技団体（以下、NF という）向けに、同年 8 月には一般スポーツ団体向けにスポーツ団体ガバナンスコードを示した。背景にはマスコミでも話題となった、スポーツ指導者による暴力、アスリート等によるドーピングや違法賭博、スポーツ団体の不正経理等、NF のガバナンス不足による不祥事がス

ポーツ界に対する世間からの信頼失墜に至ったことは言うまでもない。このこと
は NF に限らず、都道府県体育・スポーツ協会、同競技団体、総合型クラブ、チー
ム、スポーツ少年団も大なり小なり信頼を失う実例が散見される。総合型クラ
ブも当然、本ガバナンスコードの対象スポーツ団体になると考えられる。遵守が
求められるが、全国の総合型クラブは大小さまざま、多種・多様なクラブがあり、
すべてのクラブが一概に遵守できるものではない。また時間も掛かる。

表1　一般スポーツ団体向けガバナンスコード

一般スポーツ団体向け　ガバナンスコード
原則1　法令等に基づき適切な団体運営及び事業運営を行うべきである。
原則2　組織運営に関する目指すべき基本方針を策定し公表すべきである。
原則3　暴力行為の根絶等に向けたコンプライアンス意識の徹底を図るべきである。
原則4　公正かつ適切な会計処理を行うべきである。
原則5　法令に基づく情報開示を適切に行うとともに、組織運営に係る情報を積極的に開示することにより、組織運営の透明性を図るべきである。
原則6　高いレベルのガバナンスの確保が求められると判断する場合、ガバナンスコード（NF向け）の個別の規定についても、その遵守状況について自己説明および公表を行うべきである。

スポーツ庁「スポーツ団体ガバナンスコード〈一般スポーツ団体向け〉」

表2　中央競技団体向けガバナンスコード

中央競技団体向け　ガバナンスコード
原則1　組織運営等に関する基本計画を策定し公表すべきである。
原則2　適切な組織運営を確保するための役員等の体制を整備すべきである。
原則3　組織運営等に必要な規程を整備すべきである。
原則4　コンプライアンス委員会を設置すべきである。
原則5　コンプライアンス強化のための教育を実施すべきである。
原則6　法務、会計等の体制を構築すべきである。
原則7　適切な情報開示を行うべきである。
原則8　利益相反を適切に管理すべきである。
原則9　通報制度を構築すべきである。
原則10　懲罰制度を構築すべきである。
原則11　選手、指導者等との間の紛争の迅速かつ適正な解決に取り組むべきである。
原則12　危機管理及び不祥事対応体制を構築すべきである。
原則13　地方組織等に対するガバナンスの確保、コンプライアンスの強化等に係る指導、助言及び支援を行うべきである。

スポーツ庁「スポーツ団体ガバナンスコード〈中央競技団体向け〉」

　ここで大きな問題はガバナンスコードに関する情報提供、教育・指導は誰が行うのかである。スポーツ庁が直接行うのか、都道府県行政、公益財団法人日本スポーツ協会（以下、JSPO という）、都道府県体育・スポーツ協会、総合型クラブ連絡協議会なのか。総合型クラブの統括団体は JSPO で良いのだろうか。

3-1 原則4　公正かつ適切な会計処理を行うべきである。

　一般スポーツ団体向けガバナンスコード原則4だけを見ても現存の総合型クラブでも不明瞭なクラブがまだ存在している。スポーツ振興くじ助成（平成29年度、総合型クラブ活動助成587件）においても年間約10件の不適当な行為により、交付取り消し・助成対象除外の処置を受けている。

　その他の原則についても、コンプライアンス・ハラスメント教育についても現状では十分とは言えない。このことは単独クラブではなかなか実施は難しい。また、総会、理事会における計算書類および事業報告書の作成も不十分、監事・監査人による監査等においても俗にいうシャンシャン会議が罷り通っている。

　一般スポーツ団体向けガバナンスコード「ガバナンスコードの構造及び活用方法について」では以下のように示している。（抜粋）

・ガバナンスコードの各原則・規定に照らして自らのガバナンスの現況について確認するとともに、その遵守状況（直ちに遵守することが困難である場合も含む）について自己説明及び公表を行うことが望まれる。

・人的・財政的な制約等から、直ちに遵守することが困難である規定や現状の取組が不十分であると考える規定がある場合、改善に向けた今後の具体的な方策や見直し、達成の目標時期を示すことが望まれる。

　現状の総合型クラブの大半は、上述の項目をクリアできるレベルではないと考える。そのことを踏まえ、最優先は中間支援組織を整え、総合型クラブを支援していく体制を整えることではないだろうか。JSPO に全てできるとは到底思えない。

3-2 総合型クラブの質的充実

　総合型クラブ育成は設立数を問う時代から、クラブの質を問うセカンドステージに入った。地域スポーツを担うプラットフォームとして、行政から地域住民への健康づくり事業の受託や地域包括支援センターとの連携事業、保健センターとの連携事業、地域おこしやまちづくりに関する取り組みなど、地域課題に応える

取り組みを実施しているクラブ事例も出てきている。ただ、「スポーツ庁　平成30年度総合型クラブに関する実態調査」では、地域課題解決のための方策について市町村行政と連携しているクラブは約16％にとどまっている。

　総合型クラブを取り巻く課題には、クラブのマネジメント能力、経営能力の不足、なかなか進まない役員の世代交代、異動による市町村行政担当者の認識不足、総合型クラブへの支援体制の弱体化、広域スポーツセンターの形骸化、クラブアドバイザー等の能力不足、社会保障等不整備によるクラブアドバイザーのなり手不足等があり、総合型クラブの質的充実にはこれら諸課題の解決が急がれる。優先順位を考えるべきではないだろうか。

4. 統括団体の在り方

　JSPOにはNF59団体、都道府県体育・スポーツ協会47団体、関係スポーツ団体7団体、準加盟団体4団体が加盟し、統括団体と位置づけられている。であれば、何故、NF及び都道県体育・スポーツ協会等のマネジメント人材養成事業を行わないのか。統括団体と名乗るのであれば、これらの組織にこそマネジメントができる人材の養成が必要なのではないか。JSPOは既に総合型クラブアシスタントマネジャー並びにクラブマネジャー養成講習会を展開している実績があるのに何故、実施しないのか。統括団体を名乗るのであれば、尚更、実施すべきと考える。NFにはガバナンスが求められ、マネジメント機能が不整備であるがため、マスコミを賑わせているいくつもの不祥事が発生していることは言うまでもない。

　総合型クラブの統括団体とも自称しているが、統括できているとは言い難い。全国総合型クラブ連絡協議会を組織内に設置しているが、統括団体自身がガバナンスコードを遵守できているのだろうか。

5. 第2期スポーツ基本計画

　第2期スポーツ基本計画では第3章の中に「総合型クラブの質的充実」を掲げている。

［施策目標］
　住民が種目を超えてスポーツを「する」「ささえる」仕組みとして、総合型

　クラブが持続的に地域スポーツの担い手としての役割を果たしていくため、クラブ数の量的拡大から質的な充実により重点を移して施策を推進する。

　このため総合型クラブの登録・認証等の制度を新たに構築するとともに、総合型クラブの自立的な運営を促進する環境を整備する。さらに、地域に根ざしたクラブとして定着していくため、総合型クラブによる地域の課題解決に向けた取組を推進する。

［具体的施策］〈抜粋〉

・ 総合型クラブの登録・認証等の制度と中間支援組織の整備

現在 0 ⇒目標 47 都道府県

・ PDCA サイクルにより運営の改善等を図る総合型クラブの増加

現在 37.9% ⇒目標 70%

・ 行政と連携して地域課題解決に向けた取組を行う総合型クラブの増加

現在 18.4% ⇒目標 25%

（現在 2015 年度 ⇒ 目標 2022 年度）

5-1 総合型クラブの登録・認証等の制度と中間支援組織の整備

　現有する都道府県の登録制度にもばらつきと実施・未実施がある中、JSPO は後ろの期日に追われ、焦って制度整備を進めているように感じる。制度設計の不備と説明不足が否めない。また、現段階で都道府県体育・スポーツ協会に中間支援組織として制度を推し進める能力があるとは思えない。まずは、JSPO から都道府県行政、同体育・スポーツ協会への説明と中間支援組織としての教育が必要ではないだろうか。

　全国ではさまざまな疑義が生じている。「とある県では約 130 あるクラブの内、県協議会に加盟していないクラブは約 100 クラブ、登録制度が創設されても県連協議会に加盟するとは限らない。」との意見も聞かれる。

　第 2 期スポーツ基本計画では総合型クラブは JSPO の統括の下、自クラブのガバナンス指針を定めいくことになるが、総合型クラブの中には都道府県体育・スポーツ協会の管轄化にもあるクラブも存在する。都道府県体育・スポーツ協会もそれぞれの事情に合わせ、ガバナンス指針を定めていくことになる。そうなると総合型クラブは JSPO と当該都道府県体育・スポーツ協会の 2 つの指針を睨みながらガバナンス指針を定めなければならない。上部団体のより高い指針に準拠することが求められる。このことを本当に JSPO は指導できるのであろうか。

一例を挙げる。

- 理事の就任時の年齢に制限を設ける
- 原則として理事が 10 年を超えて在任することがないよう再任回数の上限を設ける
- 理事のうち外部出身者は 25％以上、女性は 40％以上の目標を設定し、達成に向けた具体的方策を講じる

この項目について、JSPO と都道府県体育・スポーツ協会が違った指針を示した場合（たとえば、理事就任時の年齢制限を設けない等）、総合型クラブは、より厳しい指針に準拠し、自クラブの指針を示さなければならない。

5-2　統括団体の権限委譲とガバナンス

日本スポーツ振興センター（以下、JSC という）では全国のスポーツ振興くじ助成対象者を把握・管理しようとしているが、そこには無理があるのではないだろうか（2019 年度助成件数：1,958 件）。現に総合型クラブの中にはスポーツ振興くじ助成離れが表面化している。現在、同助成はハード整備に重点が置かれているといっても過言ではないないだろう（図 2）。しかし、スポーツくじの売上金は、当せん払戻金、経費等を除いたものが収益となり、収益の 3/4 は、スポーツの振興を目的とする事業の資金として助成され、1/4 は国庫に納付されている（図 3）。この 1/4 の税金がハード整備に活用されるべきではないのだろうか。言わずもがな、東京 2020 オリ・パラ終了後の国立競技場の維持管理費（予測では年間 40 億円）が、管理者である JSC の拠出によって賄われる。スポーツ振興く

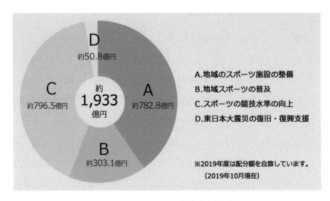

図 2　これまでの助成金累計額

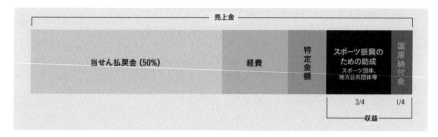

図3 スポーツ振興くじ助成の収益の使いみち

じはその為のお財布なのであろうか。海外のトトカルチョ等の助成のあり方から
学ぶべき点はあるのではないだろうか。詳細は専門家の方に任せるが、私見とし
ては助成金から補助金の意味合いに変わるべき時に来ているのではないかと考え
る。そのための「登録・認証制度」であるべきであろうし、総合型クラブ関係者
も理解と納得をするのではないだろうか。

　JSC も早期に 47 都道府県への権限委譲とガバナンスが必要ではないだろうか。
同様に JSPO も中間支援組織であろう 47 都道府県体育・スポーツ協会に権限委
譲とガバナンスを行い、マネジメント人材の養成、ガバナンスコードの遵守、各
団体の財源の自立を教育すべきではないだろうか。約 3,600 ものクラブを掌握
できるはずがない。47 都道府県体育・スポーツ協会すら統括できていないのに
3,600 ものクラブを統括するなど無理である。

5-3 中間支援組織

　中間支援組織とは、多元的社会における共生と協働という目標に向かって、地
域社会と特定非営利活動組織（以下、NPO という）の変化やニーズを把握したり、
人材、資金、情報などの資源提供者と NPO の仲立ちをしたり、また、広義の意
味では各種サービスの需要と供給をコーディネートする組織である（内閣府「中
間支援組織の現状と課題に関する調査報告」2002 年より）。

　第 2 期スポーツ基本計画にも「中間支援組織の整備」とあるが、何処が・誰が
やるのか、今の都道府県体育・スポーツ協会にその能力はあるのであろうか。は
なはだ疑問である。そこには当然、資源（人材・財源・情報・権限）の投入も必
要である。

　総合型クラブの更なる発展には、中間支援組織による以下の事業展開が急務で
はないだろうか。

- クラブのマネジメント能力、経営能力の向上研修の実施
- 都道府県・市区町村行政担当者向け、研修会の実施
- 役員の世代交代に向けた次世代人材の育成
- 中間支援組織（広域スポーツセンター）の独立採算化、クラブアドバイザー
  等人材育成・待遇改善

　行政は税収という収入（お金）があり、それを使って事業（施策）を実施する。総合型クラブは会費・参加費という収入があり、それを使って事業を実施する。中間支援組織は収入が無い。事業を行うお金がない。税金の投入も今のご時世難しい。海外では寄付文化が根づいていて、中間支援組織への財政支援も進んでいる。日本では寄付文化はなかなか根づかないであろう。であるからこそ、スポーツ振興くじ助成金をもっと積極的に投入すべきではないか。何度も述べるが、スポーツ振興くじ助成は助成金から補助金へのシフトが求められている。

　文部省（現、文部科学省）の広域スポーツセンター育成モデル事業では広域スポーツセンターは、地域内の中核的な公共スポーツ施設に、次の機能を付加する形で育成すべきと教えられたと記憶している。このことは第1期スポーツ基本計画の中にも明記されている。

- 総合型クラブの創設、育成に関する支援
- 総合型クラブのクラブマネジャー・指導者の育成に関する支援
- 広域市町村圏におけるスポーツ情報の整備・提供
- 広域市町村圏におけるスポーツ交流大会の開催
- 広域市町村圏におけるトップレベルの競技者の育成に関する支援
- 地域のスポーツ活動に対するスポーツ科学・医学・情報面からの支援

　これらのことを地域の現状を踏まえ、着実に実施していく体制づくりが必要なのではないだろうか。今、最優先は中間支援組織を整え、総合型クラブを支援していく体制を整えることではないだろうか。そして中間支援組織に権限移譲と資源投入を行い、当該都道府県における総合型クラブに対してガバナス教育を実施し、それぞれのクラブが自クラブのガバナンス指針を設定していく。そのことを広く地域社会に公開する。この順番を間違えることなく、着実に進めていくことが必要なのではないだろうか。

6.　おわりに

　総合型クラブは地域に根差した組織として、自主・自立（自律）した運営を目指し、活動している。総合型クラブ施策がスタートしてから四半世紀を迎える。全国の歴史ある総合型クラブの中には既に「オギャー」と生まれた赤ちゃんが成人を迎えているクラブも存在する。生まれた時から地域にクラブが存在し、そこでさまざまなスポーツを体験し、さまざまな年代のメンバーとスポーツを楽しみ、今では体験したスポーツ種目で全国大会に出場するまでに至っている。当たり前にクラブが存在し、当たり前に複数種目のスポーツをする時代になってきている。いずれ、総合型クラブで育った金メダリストも出てくるだろう。

　我々、総合型クラブに関わってきた人間はこの世界を夢見てきた。これからもこの環境がいつまでも続くよう組織のガバナンスを整え、総合型クラブが地域に無くてはならない存在となり、スポーツが価値ある文化としてあり続ける努力を惜しまないようにしたいものである。

【注】
1)　公益財団法人日本スポーツ協会推計値（スポーツ庁「総合型地域スポーツクラブ育成状況調査」より平成 30 年 7 月現在）

【参考資料】
文部科学省・スポーツ庁（2019）「総合型地域スポーツクラブ育成状況調査」.
公益財団法人富山県体育協会（2019）「総合型地域スポーツクラブ育成状況調査」.
スポーツ庁（2019）「スポーツ団体ガバナンスコード」〈中央競技団体向け〉・〈一般スポーツ団体向け〉.
スポーツ庁（2019）「総合型地域スポーツクラブに関する実態調査」.
スポーツ庁（2017）「第 2 期スポーツ基本計画」.
日本スポーツ振興センター（2019）「スポーツ振興くじ助成について GROWING」.

大相撲の外国人年寄をめぐる論点整理

武藤泰明（早稲田大学）

1. はじめに

　横綱白鵬が 2019 年に日本国籍を取得した。大相撲では、年寄になれるのは日本国籍を有する者だけである。おそらく白鵬は、年寄になりたい。だから国籍を日本に替えた。単に年寄になるだけでなく、相撲部屋を持つ師匠になりたいと考えているのだと思う。

　白鵬が日本国籍を得たことが明らかになるより少し前に、年寄は外国籍ではいけないのかという議論が、少し盛り上がりかけたことがある。この議論そのものは普遍的なものだが、メディアが念頭に置いていたのは白鵬である。白鵬は横綱になって長い。いまだに強いが、いつ引退してもおかしくない。しかしモンゴル国籍である。そんなことを背景として、年寄の国籍問題が浮上しかけた。

　しかし面白いことに…見方によっては困ったことに、白鵬が日本国籍を取得したことによって、この議論は冷めた。誰も話題にしなくなったのである。具体的な力士個人（この場合は白鵬）を前提に、あるいは念頭に置かなければこの議論には意味がないのだろうかといえば、もちろんそんなことはない。多くの部屋に外国人力士がいて、番付も上のほうである。つまり、競技成績の点から言えば、将来の年寄候補である外国人が数多くいる。しかしこの議論は、まるでなかったことのように鎮静化している。そうであれば、論点や観点を整理しておくことが、いずれ役に立つはずである。

　本稿はこのような考えのもとに、果たして外国籍の年寄は認められるべきものかどうかについて、検討の視座を整理して提供することを目的とする。当事者で

ある（公財）日本相撲協会の立場で考えるなら、何か問題が生じたときに的確に対応するのもガバナンスであるが、予め問題を見つけて、たとえ対処の方向性は見いだせないとしてもそれについて議論しておくというのは、間違いなくガバナンスのための活動であると思われる。ひょっとすると協会は、年寄が日本国籍であることを自明のこと、つまり議論の必要のない事柄だと考えているのかもしれない。しかし、「土俵に手をついたら負けである」のと同じくらい、この問題が自明かというとそうでもないと思えるので取り上げて検討することにした。

2. 年寄の職務の整理

　まずはじめに、いかにも出てきそうな、言わば常識的な論点が「相撲は日本の国技だから」というものである。ただしこの論理は、すでに多くの外国人力士が大相撲で活躍していることによって成り立ちにくくなっていると言ってよいだろう。とくに横綱の土俵入りは、四股を踏むことによって霊を鎮める、あるいは大地を目覚めさせるという一種の神事であり、場所によってはそれをすべて外国人に委ねているというのが現実である。

　さて、そうなるとこの主張を支えるのは何かというと、力士は外国人でよいとして、年寄については日本人でなければ困るという論理が成り立つのかどうかということになるだろう。すでに外国人力士が多く存在することからして、そんな論理が成立するはずはないと考えるのが自然であるようにも思われるのだが、仮に、

- 本来は力士も日本人であるべきだ
- 現状の外国人力士は例外である
- 年寄については例外を認めるべきではない

という立論の仕方もあり得るのだろう。また

- 力士はともかく、年寄は日本人でなければならない

という原論的な論理が消えたわけでもない。そしてそうであるなら、では、年寄とは

- 何をする人なのか
- その職務は、日本の伝統である相撲、とくに大相撲を維持発展させていくうえで、力士にはないような特色（日本国籍に限定することを支持するような）を持つものなのか

という点についての検討が必要になってくる。

　年寄の主な職務を整理すればつぎの3点になるだろう。なお、年寄には相撲部屋を経営する「師匠」と、部屋は持たず、師匠の部屋に所属する「部屋つきの年寄」とがある。以下ではそれぞれを括弧内の呼称で示し、両者の区別なく議論する時には「年寄」とする。

2-1　相撲部屋の運営に関連する職務

　相撲部屋の運営に係る年寄の職務としてはつぎのようなものがあるだろう。
・力士等の居所の確保（師匠の職務）
・稽古場の確保（師匠の職務）
・力士、養成員の育成指導

　十両以上の力士は、協会から給料を貰っている。つまり、「協会が雇用する要員」であり、相撲部屋はその育成について、協会から委任されているという関係である。部屋の師匠は、協会の規程に基づいて、協会と取引する立場だということができる。

　給料についてはいわゆる賃金テーブルがあって、管理者が介入する形での人事考課はない。そのかわり、金星や三賞などによって、賃金ベースがあがっていく。つまり、部屋は力士の育成を行うが評価はしないということである。評価は土俵で決まる。

　幕下以下の養成員については給料はない。そのかわり部屋の所属員（ただし一定の条件がある。競技者であれば、新弟子検査に合格して番付表に名前が載るようになれば協会が認定する所属員となる）の人数に応じて協会から相撲部屋に育成費用が支払われる。力士と違って、本人が協会から受け取る給料はない。したがって、協会は力士の場合と同じく、要員の育成について相撲部屋に委任しているのだが、その委任の対価を相撲部屋に支払っている。力士予備軍の若者には給料はないが、食費と住居費は不要である。安心して暮らしていける状態だということができるだろう。

　ところで、相撲部屋の仕事は、協会から委任されているものだけではない。たとえば新弟子のスカウトが必要である。したがって各部屋は、力士予備軍（養成員）のさらに予備軍を部屋に抱えることもある。その費用は協会からは支給されない。協会から相撲部屋には、養成費以外の費目として支払われるものもあるので、このような「員外の予備軍」にかかる費用についてはその中で、あるいは独

自の財源で賄うことになる。

またここで部屋の、とくに師匠の職務を、一般法人たとえば株式会社に照らして考えるなら、これまでに取り上げたものに加えて「部屋の所有者（オーナー）」「部屋の経営者（社長）」としての職務がある。

重要かつ面白いのは、この2つについての規程がないというところであろう。つまり、仮に相撲部屋が株式会社になっているとして、そのオーナーと師匠は別の人でも構わないはずなのである。オーナーは外国人かもしれないし、その外国人と師匠がパートナーシップによりその会社を保有・経営してよい。同様に、師匠は部屋の社長でなくてもよくて、別の人が社長で、その人が外国籍であっても問題はない。このことが示しているのは、年寄（この場合は師匠）が日本国籍でなければならない根拠は、マネジメント上のものではないという点である。確認はしていないが、現在でも、師匠が部屋という法人のオーナーでない例があるのかもしれない。そしてそうであるなら、日本国籍を求める根拠は、オーナーシップやマネジメントではないということである。年寄名跡、古い言い方をするなら年寄「株」は、江戸期に普及した営業権に係る概念である。さまざまな職業、たとえば与力のような公務員であることの権利も株として売買されることがあった。当時の年寄株は、営業権なのでオーナーシップに近いものであったということができる。これに対して現在の年寄「名跡」は、取得候補者に力士としての一定の競技成績を求めるようになっている。また協会が公益法人格を取得するより前の年寄名跡は、個人間の有償の相対取引を協会が認めるという、江戸期以来の「株」としての性格を持つものであった。現在はこれらは禁止され、協会に年寄選任の権利がある。年寄株にまつわる権利の内容が変質したと言ってよい。営業権という性格は、なくなってはいないがかなり希薄になっている。だから外国籍を巡る議論も、オーナーシップや経営に関するものがないのだとみることができる。

2-2 協会の事務を分担する職務

年寄は部屋の運営を担うだけでなく、協会の仕事をしている。力士と同じく年寄もまた、賃金テーブルに基づいて協会から給料を得る立場なのである。具体的な職務は、協会事務の分担である。すなわち、広報、本場所、巡業等の担当が決められている。面白いものとして、国技館の入場口でチケットの「もぎり」をしているのも年寄である。これは一種の「光景」あるいは「パフォーマンス」を見

せているのだろう。これらの職務は、一般企業であれば雇用者ないし執行役員が行うものである。この職務について、日本国籍が不要であると言い切るのは難しいかもしれないが、少なくとも職務内容は日本国籍を求めるものではないと考えてよいように思われる。

2-3　協会の構成員であることによる職務

この項で議論する職務には、どうもよくわからないところがある。

第1に、協会は公益財団法人なので、法的には構成員を持たない。これが社団なら構成員（社員）がいるはずで、年寄が社員であっておかしくないのだが、協会は財団法人であり続けてきた。年寄は協会員と表現しているが、これが何を意味するのか、はっきりしない。

法改正前の財団法人であった時代にも、協会には評議員制度があった。旧法では、財団法人については評議員会は必置機関ではないが、所管官庁（協会の場合は文部科学省）の指導により評議員会が置かれ、年寄は全員その構成員であった。つまり、社団的であったということである。

これに対して、現在の公益財団法人では、評議員会は必置機関であり権限も強い。そのかわり、現役の年寄はこれに就任することができない。年寄のための枠は設けられているが、年寄が評議員になった場合は年寄の職務を行い対価を得ることができない。法改正によって、年寄は社団の構成員に近い役割を制度上一つ失ったということである。

ただし、すべての役割を失ったわけではない。理事の選任については、年寄による投票で候補者が決まる。制度上は評議員会が決定するが、実質的には投票で決まると言ってよい。この点において、年寄は法人の構成員の性格を保持し続けているということができるだろう。つまり、法人格は財団だが運営は半ば以上社団なのである。

3.　協会はダイバーシティに制約を設けられるか

ところで、協会が「社団的な性格の強い法人」であるという前提から出発するとして、では社団であれば、構成員（社員）のダイバーシティを考慮する必要があるのかという点について。現在の協会は公益財団法人なので、これを検討しても意味がないと考える見解もあるかもしれない。しかし、法人格は選択可能であ

る。つまり、協会の理念や方針と法人格との間に齟齬が生じるようであれば、理念や方針を変更するのではなく、法人格のほうを変更すればよいという考えが成り立つので、この検討が必要になるということである。

　ダイバーシティを考慮するとは、たとえば構成員を「男性に限定する」「65歳以上に限る」等であり、これと並ぶものとして「日本国籍を有する者に限る」という規程に問題がないかどうかということである。おそらく、一般社団法人であれば、多くの場合このような制約が設けられていることに問題がないのだが、では協会については、どのような観点から問題があるのかを検討するならば、その観点としては

- ・財団法人であること
- ・公益法人であること
- ・唯一性を持つ法人であること

があるだろう。

　財団法人、公益法人の観点からの検討は法人格を前提とするのでここでは措くとして、分かりにくいのは3番目の唯一性であろう。たとえば、ある一般社団法人が構成員要件に一定の制約を設けたとする。たとえば上記でいえば「男性に限る」「日本人に限る」等である。この場合、誰かがルールに不満を持ち、女性や外国人を構成員に加えたいと思うなら、新たに法人を設立すればよい。しかし大相撲の場合は、協会にこのような形で対抗する法人を設立したとしてもそれがうまくいく可能性はきわめて低い。実態として一種の独占なのである。そうであるとすると、協会によるダイバーシティの制約は他の団体で回復することができないのである。協会はこの「唯一性」を持つがゆえに、自由度が制約される存在であるということになる。そしてこの点は、法人格としてどれを選択してもついて回る問題である。

4.　文化伝承としての指導育成

　つぎの論点は、年寄が行う指導育成が日本国籍を持つものに限られているという点について。ここで気をつけておかなければならないのは、「『日本人』に限られている」のではないという点であろう。この『日本人』は、もともとの日本人ということである。どういうことか。たとえば「フランス生まれのフランス人で、17歳までフランスで暮らし、その後日本に来て、やがて帰化して日本国籍を取

得した人」は、たとえ国籍は日本でも『日本人』ではないという趣旨である。

　現在の規程では、このような「『日本人』ではない日本国籍の人」は、年寄になることができる。したがって、年寄の選任基準の中には、『日本人』としての精神性や土着性という考えがないということである。意外なことに、それがなくても指導してよいというルールになっている。

「ない」と断言できないのかもしれない。それはどんな場合かというと、「日本国籍を取得した外国人」が、『日本人』と同じ要件を満たせば年寄になれるというのが一種例外として定められているようなケースである。しかし現在の協会の規程では「日本国籍を取得した外国人」を例外として取り扱う形にはなっていない。これを先入観なしに読むなら、上のように、年寄には『日本人』としての精神性や土着性が求められていない。あるいは、年寄になる外国人は誰でもよいというわけではなく、力士として一定の競技成績をあげた者に限定されるので、この要件を満たしているなら、精神性や土着性が求めるのと同じものを持っていると考えているのかもしれない。

　しかしそうであれば、外国籍の力士が土俵内外で『日本人』に準ずる精神性や土着性を実現しているのと同じように、外国籍の年寄が存在してもよいように思えるのである。つまり、現在のルールは、つじつまがあわない。

5.　他の競技との比較

　つぎに、他の競技では外国人についての制約はどのように課されているのかについて検討してみたい。多くの競技で外国人選手について制限が設けられている。同じ競技でも国によってこの制限が異なっている。サッカーを例にとるなら、イングランド・プレミアリーグは選手の国籍を問わない。ドイツは国籍だけでなく、ホーム・グロウン、つまり地元で育成された選手の最低人数を定めている。

　日本のJリーグではどうなっているかというと、リーグ戦試合実施要項に以下の規程がある。

第14条〔外国籍選手〕

（1）試合にエントリーすることができる外国籍選手は、1チーム3名以内とする。ただし、アジアサッカー連盟（AFC）加盟国の国籍を有する選手については、1名に限り追加でエントリーすることができる。

（2）登録することができる外国籍選手は、1チーム5名以内とする。

（3）Jリーグが別途「Jリーグ提携国」として定める国の国籍を有する選手は、前2項との関係においては、外国籍選手ではないものとみなす。

注：現在の提携国はタイ、ベトナム、ミャンマー、カンボジア、シンガポール、インドネシア、マレーシア、カタール。

　この規程も歴史とともに変わってきたのだが、まず外国人選手を獲得する目的を示すなら

・興行（試合）のレベルを上げる
・日本人選手がレベルの高い外国人選手と試合する／同僚としてともに戦う機会を設ける
・外国人選手の出身国でJリーグの試合を放送するインセンティブ

が主なものであろう。

　設立（1993年）当初のJリーグには、欧州リーグの年俸水準がそれほど高くなかったこともあって、ワールドクラスの外国人選手が少なくなかった。サッカー協会にとってJリーグ設立の目的の一つは日本の代表チームの強化でありそのためには外国人選手がいることに強化の観点から意味があったのである。

　その後欧州の年俸水準が上がったことによって、ワールドクラスの外国人は減少する。並行して、新興国においてテレビコンテンツとしてのサッカーに人気が集まり、これを背景にJリーグはアジア各国の選手については例外的な取り扱いを行うようになっている。これら外国人選手がいれば、アジアからの放映権収入に期待できるからである。

　大相撲においては、外国人力士が認められているのだが、その理由については論理的に考えるより、現実を追うほうがよいだろう。高見山（後の東関親方、1944年生まれ）が19歳でハワイから来日、初土俵。1967年3月場所で初の外国出身外国籍の関取となる。人気のある力士だったが最高位は関脇。その後米国以外にモンゴル、ブラジル、東欧からの力士が来日、上位を占めるようになったため、協会は外国人力士について

1992年　1部屋2人まで（全体で40人が上限）
2002年　1部屋1人まで
2010年　外国出身力士について1部屋1人まで

というように制約を強めてきた。最後の規程では、たとえ日本国籍を取得して

いても外国出身なら『日本人』にカウントせず外国人とみなすということである。相撲部屋は強い力士を育てたい。だから放置すれば外国人が増えるかもしれない。一方、協会は理念と興行のありかたを考える。両者の原理が異なっている。このような大相撲内部のせめぎあいが上記のようなルールに帰着したということなのだろう。

　協会によるこのような制約が、果たして大相撲の興行としての人気を考えてのことなのか、あるいは文化伝承を意識してのものなのかという点はわからない。確かなのは、力士について
・国籍不問である
・ただし、人数に制限が設けられている
というとことである。

6.　おわりに

　さて、ここで気づいておかなければならないのは、年寄について、現時点では
・日本国籍を条件としている
　換言すれば、『日本人』でなくても日本国籍であればよい
・人数について、制限されていない
という点において、外国人力士について設けられた制約とは異なるものになっているというところであろう。そしてこれは、少なくとも制度上は、日本国籍を持つ外国人、つまり『日本人』ではない人々が、年寄名跡すべてを保有している状態を認めることを意味している。もちろん、外国人力士の人数に制約が設けられているので、年寄がすべて外国籍になることはないのだろう。しかし、人数を制限するルールがないのも事実である。議論の次元が大きく変わる可能性があるということである。

　力士であれば、興行への影響に配慮して、外国人に対して、人数について制約を設けることに一定の合理性があるといえるだろう。帰化人を外国人にカウントするというルールは、この点においてわかりやすいものである。これに対して年寄について
・日本国籍保有者であっても、その人数を制限する
というルールをつくるとすると、その根拠はどこに求めることができるのだろう。外国出身の年寄候補者は、力士として一定の成果をあげてきた人々である。

だから国籍さえあれば年寄名跡の取得を認めている。この論理から一歩進んで、もと外国人の年寄について人数制限をしようというとき、その新たな論理は根拠を持たない。対処すべき課題は、実はここに潜んでいる。

10

偏差値が高い高校は校則が緩く、
偏差値が低い高校は校則が厳しい
―スポーツガバナンスに関する一考察

町田　光（元 NFL JAPAN 代表取締役）

1.　はじめに（問題意識）

　スポーツ庁がスポーツガバナンスの策定を計画している、という話を聞いたとき、私の頭に反射的に思い浮かんだのがタイトルに掲げた「偏差値が高い高校は校則が緩く、偏差値の低い高校は校則が厳しい」であった。それは私が組織マネジメントや人材教育などについて考え、実践する時、いつも頭の中心に在る考え方なのである。

　私の高校は実に校則が緩かった。何よりも制服が無いのがうれしかった。だから私は入学式にベルボトムのジーンズに花柄のシャツを着て出席した。今気づいたが、そもそも校則集を見たことがない。教師と生徒の関係も開放的なものだった。放課後友人が駅前のパチンコ屋で待っているというので店に入ろうとしたら、後ろから現代国語の先生がやってきて、「今日は玉が出にくいから適当に切り上げて早く帰れ」と声をかけて去って行ったことがある。そしてその先生はその頃何も考えない能天気なハードロック少年だった私に、夏休みの宿題として太宰治の処女作品集である「晩年」を読む事を奨めた。その結果私は自分自身が何者であるか、という事を生まれて初めて深く考える事になり、ひと夏にして屈折した文学青年に変身し、大学も文学部を選択することになった。

　大学卒業後就職した企業は、従業員が 29 名、創業 4 年の小さな出版社兼就職情報会社だったが、ここも大変自由なところだった。学生運動の出身者が中心となって設立された会社のせいか、皆自己主張が強く、パーソナリティが多彩で、会議となると常に紛糾し、喧嘩が絶えない。しかし社員の能力レベルは高く、仕

事と会社への愛情は強かった。初めての新卒入社の我々に対しては特別の教育も、細かい指示もなく、「最初の1年は周りを見て自分で勉強しろ」としか言わなかった。だからゆっくりと自分のペースで社会人の生活に慣れ、自分の仕事のスタイルを築いてゆけた気がする。その後会社は急成長を遂げ、入社後8年で店頭公開を果たした。

　そのような会社なので、入社して4年もすると中堅社員のような立場になった私は、営業部所属でありながら自社の新卒採用の責任者に指名された。そこでこの仕事が必要とする資質、求める人材観、会社の魅力、他社との差別化のポイント等について同僚たちと議論し、それらを「当社を理解するイメージキーワード集」として会社説明会で学生に紹介することしたのだ。その時私が第一に思いついたのがこの「偏差値…」なのである。

　振り返ってみれば私の高校も、この会社も、自分の所属する組織、仲間への基本的な信頼と理解と愛情があり、それゆえ自分が今何をどうしたら良いか、どうしなければいけないのか、何をやってはいけないのか、そんな事は自分の頭で考えれば解るはずだ、という事が暗黙の内に共有されているのだ。それは人が成長し、組織や集団が力強く生き生きとした場所となるためには、一人一人が自己に対して常に問題意識を持ち、さまざまな試行錯誤を経験しながら自立を獲得することが重要であり、そこでは個々人の自主性や主体性を認める相互の理解と信頼を基盤に置くことが必要である、という事ではないか。それは教育の根幹を成すものであり、企業や組織における人材育成やマネジメントにおいても基本とすべきものである。「偏差値が高い高校は校則が緩い」とはこのことのたとえなのである。

　逆に偏差値が低い高校とは、生徒の自己に対する問題意識が低いため、教師からの信頼感も低く、そのため試行錯誤を許容できず、自主性や主体性が育ちにくい。だから更に校則を厳しくして、問題行動を取れないように管理しようとするのである。

　私は「スポーツガバナンス」という言葉から、この厳しい校則を連想したのだ。そこにはスポーツ庁のスポーツ組織に対する不信感＝もうスポーツ組織の度重なる不祥事を放置できない。彼らは自分自身では自立を獲得できない。そうであるならば厳しいガバナンスを課すほかはない＝という意思を感じるのである。

　私はこれまでも、また現在もいくつかのスポーツ組織にその改革や再生などを目的として関わっているが、確かにそこで見てきたものは、とてもではないが偏

差値が高い場所とは言えない状況である。正直に言えばどこから手を付けて良いか戸惑うほど問題だらけである。しかし私にはそれらはガバナンスという発想、思考では解決することはできないという確信があるのである。それは人や組織を外側から強固な枠にはめ、行動を統制・制御しようとする発想だからである。確かに問題行動を多少は抑制する効果はあるかもしれない、しかし問題の本質の解決に繋がるとは思えない。むしろ元々保守的で同調圧力が強く、抑圧的な空気が覆う現在のスポーツ組織に更に大きなプレッシャーを与え、ガバナンスコードに対応するための膨大な作業に職員は神経をすり減らし、やがて組織全体が疲弊し、その機能は低下し、最後にはガバナンスが確保されているように見せるためのアリバイ作りに腐心するような、退廃した場所になってしまう恐れすら感じるのである。

「スポーツ団体ガバナンスコード」の冒頭に「（スポーツは）国民に誇り、夢と感動を与え、更には地域・経済の活性化、共生社会や健康長寿社会の実現、国際理解の促進など幅広く社会に貢献する営み」であると示されているが、それはスポーツとは重要な文化的装置であり、社会的存在であるという事であろう。そのような存在を担うのが「偏差値が低いようなので校則を厳しくした」というようなところであって良いのだろうか。校則で行動は規制できても、偏差値を向上させることはできないのである。

　例によって、始めからこのような反発心持って接しているスポーツガバナンスコードであるが、論を深めるために少し冷静になって、その中身を見て行くことにしよう。

2.　スポーツ団体ガバナンスコード（中央競技団体向け）　を読んでみる。

　スポーツガバナンス、直訳すれば「スポーツの統治」である。コーポレートガバナンスという言葉もすでに一般的になっているのであるから、スポーツのガバナンスも自然の流れなのであろう。近年の途切れることを知らないスポーツ界の不祥事の連鎖を考えれば、スポーツ庁としてはガバナンスしたくなるのも良く理解できる。そう考え直して「スポーツ団体ガバナンスコード（中央競技団体向け）」を一読してみた。

　結論から言えばここに書かれている内容に異論はない。あまりのボリュームに、

多くの人々は気持ちが萎えてしまうのではないかと心配にはなるが、書かれていること自体は至極当然の事柄ばかりである。しかしそれでも私には、これはうまく行かないだろうな、という予感の方が先に立つのである。

　まず、第1章の1としてスポーツ庁がガバナンスコードを設定した理由を示しているので、それをまとめてみよう。（カッコ内は原文からそのまま引用）

　　近年「スポーツの価値を棄損するような不祥事事案が発生」しており、その理由として「多くのスポーツ団体が人的・財政的基盤が脆弱であり」またそれらは「スポーツを愛する人々の自発的な努力によって支えられてきた」が、それは「そのスポーツに関わる、いわば『身内』のみによって運営されることになり、法令順守よりも組織内の慣例や人間関係への配慮が優先され」、それが「組織運営に係る責任の所在を曖昧にし、コンプライアンス意識が徹底されず、組織運営上の問題が見過ごされ」、結果として「『身内』には通用しても一般社会からは到底理解できないような組織運営に陥る。」

　ここに書かれていることはまさしくその通りである。スポーツ庁がスポーツ組織の抱える問題を認識していることが解る。しかし一方で私にはこれは「ガバナンスが必要である」という結論ありきの視点によるスポーツ組織の問題の整理であるようにも見えるのだ。

　私はスポーツ組織が抱える問題は、ガバナンスという直線的な物差しでは捉えられない、寧ろそこからは零れ落ちる複雑に屈折したスポーツ特有の組織文化や精神風土に視線を向けない限り本質的な理解も解決もできないと考えているのである。一方、ガバナンスという方法には、スポーツが今後の日本社会に提供するもの、たとえば、失われた大きな物語の提供、美的なものに触れる感動、身体性の回復、自己承認や自然回帰、というような人間の根源にある欲求を満たす体験など、成熟してしまった日本社会だからこそ多くの人々が求める価値＝それはデリケートで、扱いが困難な複雑な構造を持つものである＝をマネジメントする、本来は繊細な性格を持ち、実は難易度が高いスポーツの経営というものを破壊しかけない、暴力的なものを感じるのである。

3.　スポーツ組織の現状とその問題点

3-1　スポーツ組織とは何か

　スポーツ組織とは、競技者が競技を行う事を目的に、競技者やその出身者が主体となって設立し、運営されているものである。つまり、自分たちが、自分たちの行いたいことを、自分たち自身で行うための組織である。それは競技者数の多寡にかかわらず、本質的には同好の士の集まり、趣味のクラブと位置づけるべき存在である。勿論そのこと自体は何の問題もない自由な行為である。しかし多くの場合そのような集団は独善性や排他性が強く、閉鎖的で社会性に欠ける傾向がある事は言うまでもないだろう。ことにスポーツ選手という、自分が好きな事を行っているうちに、いつの間にか人々から良いことを行っていると好意をもって注目され、時には称賛や尊敬のまなざしを受け、更には金銭などの支援まで与えられるような、一般の人々とは異なる特殊な環境に長い間居続けた人たちは、なおさらその傾向が強くなりやすいのではないか。

3-2　スポーツ組織の業務

　中央競技団体向けガバナンスコードではスポーツ組織の業務内容を「唯一の国内統括組織として、対象スポーツの普及・振興、代表選手の選考、選手強化予算の配分、各種大会の主催、審判員等の資格制度や競技者・団体登録制度の運用等の業務を独占的に行っている」としている。しかしこの中で最初に示されている「普及、振興」に比重を高く置くスポーツ組織は極めて稀である。ほとんどの組織が「代表選手の選考」以下に示されている業務、その多くはルーティン化したものを遂行することだけで精いっぱいである、というのが実情ではないだろうか。なぜならば競技者が何よりも優先するのは、自分たちが競技を行う事と強くなる事であり、それらの環境や場を整える事だからである。またそれらの事であれば多くのことを自分たちの関係性の中で行えるからである。

　それに対して普及や振興とは自分たちの外側、つまり広く社会に向けてそのスポーツの魅力を訴求し、人々の興味や理解、参加を働きかける行為である。そこではまず自分たちのスポーツを対象化し、客観的な視点からその価値や魅力を明らかにし、言語化するなどの作業が必要である。そしてこの活動を実効性の高いものとするためには、多くの外部の人々や組織の力、たとえばメディア、教育機関、

自治体、広告代理店、スポンサー企業などとの協働が必要になる。しかしこれらの行為は同好の士、趣味のクラブの閉鎖的世界を生きる人たち、別の言葉を使えば内弁慶の人々にとって、未知の世界に歩み出してゆくために、自分自身に大きな変化を求める困難な行為なのである。つまり、いつもとは違う頭を使い、不慣れな外部の人間と交渉し、時には頭を下げ、自分のプライドが傷つくこともある面倒な行為なのである。

　こうして多くのスポーツ組織は新たな参加者を獲得できず、スポンサーなどの外部からの資金調達もままならず、どんどん先細りしてゆく状況に陥るのである。そしてむしろ残り少なくなった貴重な資産だからこそ、余計に自分たちが競技を行う機会の確保に費やすこととなり、最後は「とにかく勝てばメディアが騒ぎ出し、スポンサーも付き、自然に競技者も増える」という思考停止の状態に陥るのである。

　また最後の「業務を独占的に行っている」という表現についても、組織構造上は確かにその通りであるが、実態とはかなり異なっているように思える。

3-3 スポーツ組織の成立過程

　スポーツ組織の成立過程を考えると、まず中央競技団体が設立され、そこがスポーツを「普及、振興」し、参加者が増えたため「各種大会の主催、審判員等の…」というプロセスを辿る例はほとんど存在しないのではないか。実際はそのスポーツを行う地域や学校等の競技者やチームが先行して存在し、彼らが競技会の開催を計画した時、そこにはルールや審判方法の統一、競技場や審判員の確保、競技会の運営や経費の調達・管理など、さまざまな運営上の業務が必要となり、それを行う組織として、いわゆる「大会開催実行委員会」のようなものが各チームから時限的に人を集めて設立される。そこに集められた人たちは、多くの場合、競技者としては大きな活躍が見込まれない人々であるか、あるいは元より主務としてチーム加わっていたなど、いずれにせよ競技者のヒエラルキーにおいては下層に位置する人々である。

　その後、競技参加者が増大し、収入も増加し、競技会の開催を含む業務全体が拡大した時、時限的だった実行委員会が形を変えて定常的な地方組織となるというのが一般的である。そしてその組織を代表する理事等の肩書を持つ人々は、競技者ヒエラルキーのトップクラスの人々で占められる。彼らは優れた競技者であり、常に特別な扱いを受けてきたため、組織運営の実務の経験を免れてきた。そ

のため組織経営の責任を負っているにも関わらず、組織が抱えるさまざまな課題や問題を十分に理解することも、解決への道筋を示すこともできない。それどころか「独善性や排他性が強く、閉鎖的で社会性に欠ける」スポーツ組織の欠点である風土を、純粋な形で引き継いでしまうことになるのである。

こうしてそのスポーツが更に全国的な広がりを見せた時、ここまで述べた事と同じ構造をもって、つまり同じ問題を抱えたままで、中央競技団体が誕生する。

3-4 中央競技団体の現実

ここまで述べたような組織文化と成立の背景を持つスポーツ組織において、常に最も強い発言力を有するのは中央競技団体ではなく、チームや競技者である。次いで彼らに近い地方組織である。多くの中央競技団体は、そのスポーツを統率し、普及や振興を牽引するところではなく、その実態は、競技者やチームへの奉仕者であり、競技や強化を行うための諸々の事務作業や連絡業務等を行うところ、つまり実行委員会と大きく変わるところはないのである。またその現場で働く職員は、競技者や地方組織からの圧力と、職場の同調圧力の二重の抑圧を受ける中、その多くの者がルーティン的な業務を長期間にわたり行ってきたため、保守的で変化を嫌う、善良で従順な職人的気質の人間が多い。そしてその気質と組織の文化がスポーツ組織のさまざまな問題を解決するのではなく、それらをより固定化させる方向に導くのである。実際に組織改革に着手しようとするとき、静かに、無言で、しかし強かに抵抗するのはこの人たちである。

一方、団体の経営の責任を担うべき役員（評議員や理事）は、いわゆる神輿に担がれた名誉職でしかない場合が多いため、組織の状況を理解しておらず、行うべきことを行わない。そして現場の職員に対しては（多分）良かれと思って「常にアスリートファーストを心掛けてください」などという言葉を発してしまうのである。そんな時職員たちの間に、決して表情に表すことはない屈折した怨嗟のようなものが漂っているように感じるのは私だけであろうか。

他方で「中央競技団体なんて、おれたちが払う会費で食わしてやっている」「一応全国一を決定する試合の主催権を名義上持たせているだけで、実際は開催地の連盟が全部取り仕切っている」「普及なんか、事務局員が2〜3名いるだけの中央は何もできない。全部地方の現場がやらされている」私はこのような声をスポーツ種目に関係なく、いろいろな所で聞いて来た。また広告代理店やメディア等、スポーツに関わる事業を行っている企業の人々からも中央競技団体の力の無

さと、消極的な姿勢の問題を良く耳にした。あるテレビ局のスポーツプロデューサーは、「ロッカールームの撮影の許可の得るために私自身が全国の地方組織やチームを数か月かけて行脚し、直接交渉してやっと放送が実現できた。中央組織は、自分たちには決定する権限もないし、交渉もできない、その一点張りだった」とあきれ顔で嘆いていた。

　このように競技者やチームと、中央競技団体の間には複雑で深い溝が横たわっているのである。そしてそのような根深く複雑な問題が存在することを現場の人々は認識しているのだ。ある中央競技団体で事務局長を 20 年以上務める人物が「この仕事をしていると、このスポーツの全ての問題が全部手に取るようにわかります。同時にどれも絶対に解決出来ないことも解るんですよ」と嘆息していた。彼らは全てのことを知り、その理由を理解しているが故に、全てを諦めているのである。

　スポーツ庁が「独占的に行っている」という中央競技団体の内実は、以上のようなものなのである。この幾重にも、幾重にも屈折したスポーツの組織がガバナンスによって前向きな刺激を受け、生き生きと、力強く生まれ変わるとは、やはり私にはどうしても思えないのである。

4.　スポーツ組織の「偏差値」は何故向上しないのか

4-1 スポーツ組織の病理について考える

　日本では学校体育の存在により、幼児期からさまざまなスポーツを体験できる仕組みがある。更に小・中・高・大学において、クラブ活動やサークル、体育会がある。私はこれらの存在が日本のスポーツ組織に自ら積極的な普及や振興の活動を行わなくても、競技者を継続的に獲得できる環境を与えてきたと考えている。更に企業スポーツの仕組みが社会人となっても競技を続けられる環境を今日に至るまで提供し続けてきた。そしてこの間、日本は経済成長と人口の増加を果たしてきた。このように日本においてスポーツは極めて恵まれた環境を与えられ続けて来たのである。しかしその事が日本のスポーツ組織を、その実態を、未だに競技者を代表に据え、競技出身者が運営する、競技者を顧客とした個人商店のような状態のままであることを許してきたのではないだろうか。スポーツ組織は、社会と向き合って来なかった、いや、向き合う必要が無かったのである。

　しかしその一方、現在ではスポーツ組織の多くは公益財団法人や公益社団法人

を名乗っており、またスポーツ庁もそのことを推し進めている。つまりスポーツは公益性の高い存在として社会に位置づけられているのである（何をもって「公共性がある」とするのかに関しては疑問に思う事が多いが、ここでは触れない）。

わたしはここにスポーツ基本法の冒頭に示されている「スポーツは、世界共通の人類の文化である」としている「スポーツ」と、競技者（と競技組織）の「スポーツ」の捉え方との間に大きな落差がある事が象徴的に示されているように思うのだ。前者はスポーツを明確に社会的な存在としている。それに対して後者はスポーツを私有物のように捉えているのではないだろうか。いやこの言い方は実態を表していない。後者はスポーツとは誰のものなのか、などという問いを決して行わない、それほど自分たちのものであるという意識、が深く身体化されているのである。だから当然のように、疑うことなく自分たちのやり方で、自分たちだけで経営しようとするのである。それが客観的に見ればいかに稚拙で、非合理的で、さまざまな問題を生み出す原因であるとしても、また各所からそのことを繰り返し指摘されていても、その問題の解決もまた自分たち自身で行おうとするのである。その奇妙なほどの生真面目さや、頑なな姿勢、外部を拒絶しようとする態度、それが競技者であり競技団体という存在の本質にあるのではないだろうか。

しかしここが重要な点なのであるが、彼らが見せるこれらの態度や姿勢は、彼らがスポーツ組織の経営に強い矜持と責任感を持ち、何らかの目的や戦略などに基づいた意識的、意図的な行為ではなく、日常的で習慣的な、無意識の反復や反射の行為であるように思われるのだ。それは社会学者の宮台真司が、人間が無意識的に刷り込まれた言葉の構造にしたがって自動的に行動するあり方を批判的に表現した「無意識の自動機械」そのものではないか。彼らは自分たちが現在どのような状況下にあり、今何を目的に、何をしているのか等について、自分たちの姿が、その有様が見えていないのではないか。つまり彼らは自己について意識したり認識したりする力が著しく低下した状態にあるのではないだろうか。

4-2 スポーツ組織の病理の処方箋を考える

自己意識や自己認識などと言うと、最近は自意識過剰や自己愛性人格障害など、自己に対しての異常な拘りや、過剰な承認欲求など、いわゆる「意識高い系」や「痛い奴」を生む根源であるような扱われ方をしており、あまり良いイメージを持たれていないようだ。しかし近年、自己認識の能力は、経営の、特にマネジ

メントの分野における重要な能力として注目されている。また自分自身を正しく
認識する人間は、上司や部下との関係、判断力やコミュニケーション力、仕事の
パフォーマンスなどが優れているという研究結果も出ている。私自身の経験から
も、増々複雑化と流動性が増し、一種の混乱状況が常態化している現代社会の中
に於いて、自己に対して常に意識的に向き合い、その状況を認識する能力は、ビ
ジネスやマネジメントの領域だけでなく、個人の生活においてもより重要なもの
になると考えている。そこでこの事について資料を探りながら少しだけ掘り下げ
てみたい。

　心理学では、自己意識には他者からは観察できない自己の内面（感情、感覚、
思考等）に向けられる「私的自己意識」と共に、他者が観察できる自己の外面（容
姿、行動、振る舞い等）に向けられる「公的自己意識」があるとしている。公的
自己意識が十分に機能すると、外部の基準と自己の実態とのずれが鋭く認識さ
れ、その結果そのずれを低減させるために、自己の判断や行動を社会一般のルー
ルや他者からの期待、願望などに対応させることが出来るようになるという。他
方、私的自己意識が高まると自分が体験したことや、そこでの自己の感覚や感情、
その動機などに注意を向けることが出来、自分の心理や行動などをより正確に知
覚できるようになるという。つまりこの二方向の自己意識をバランスよく十分に
機能させることにより、人は自分自身と社会それぞれを正しく対象化して意識出
来るようになり、その結果さまざまな事柄に対し適切な理解や判断、意思決定、
行動が可能になるのである。

　そしてこのこととほぼ同様のことが Harvard Business Review 誌上において「リ
ーダーに不可欠な自己認識力」として以下のように述べられている。

（前略）
　我々が検証した研究群を通じて、自己認識をめぐる 2 つの大きなカテゴリー
が一貫して浮かび上がった。（2014 年に約 5,000 人に 10 の調査を行った＝著者
注）
　1 つ目を「内面的自己認識」と名付けた。これは、自分の価値観、情熱、願
望、環境への適合、反応（思考、感情、態度、強み、弱みなど）、他者への影
響力について、自身がいかに明確にとらえているかを表す。内面的自己認識は、
仕事や人間関係への満足度、自己および社会的コントロール、幸福に相関する。
不安、ストレス、憂うつとは負の関係にある。

　2つ目のカテゴリーは、「外面的自己認識」だ。先に挙げた諸要素について、他者が自分をどのように見ているかに関する理解である。我々の研究によれば、自分が他者にどう見られているかがわかっている人は、共感力と、他者の視点に立つ能力に長けている。リーダーの自己認識と、リーダーに対する部下の認識が近いほど両者の関係は良好で、部下はリーダーに満足を感じ、リーダーを有能視する傾向にある。（中略）

　自己認識には内面と外面があるとなれば、人はどちらか一方をより優先したくなるものだ。だがリーダーは、自らを明確にとらえることと、フィードバックを取り入れて、他者からどう見られているかを理解することの双方に、積極的に取り組まなくてはならない。我々がインタビューした中で、自己認識度の高い人は、両方のバランスを保つことを強く意識していた。

　これ以上言葉を付け加える必要がないほど明快な内容である。多くの人々が自身の経験に照らし合わせても十分に納得することが出来るのではないだろうか。それでも私がスポーツ組織経営の問題解決において、職員個々人の自己意識や自己認識の重要性を心理学まで引き合いに出して触れる必要があると考えたのには理由がある。

　第1にそれほどスポーツ組織という場所が、そこに従事する人たちが、そしてそこで行われている仕事が、現実の社会と大きくずれたものであるかを示したかったからである。しかもそのことを自分自身で最早意識できないほどに職員たちが「無意識の自動機械」化しており、それは組織のパフォーマンスを下げるだけでなく、彼ら自身に「不安、ストレス、憂鬱」などを引き起こす恐れがある危険な状態である、という事を示したかったからである。実際、そのずれに気づき、問題に目覚め、問題提起を始めた者が他の「自動機械の群れ」の無機質で冷淡な無視や排除に直面し、心を病んで去って行った例を私はこれまでいくつも見聞きして来た。

　第2に、それでもなおこれらの問題に対処するためには、やはりスポーツ組織に関わる人々が、この問題を、いや、ここに自分自身と自分が所属する組織の問題の本質があるという事に気づき、理解し、自分がこれまでさまざまに経験した困難や、その時の不安や困惑や憤り等の感情や感覚を思い起こし、そのことが持つ意味を改めて考えてみる、つまり他者と自己それぞれを対象化して認識しようとすること、そこから始めるより他はない、と言う事を示したかったからである。

第3に、このような根の深い問題を解決に導くのは、他の誰でもなく、そのことを認識した自分自身であり、たとえ初めは言葉足らずであっても、情理を尽くして問題提起を行い、外部のさまざまな人や組織を巻き込み、その力を借りながら事を進めることが必要だ、という事を伝えたかったからである。そうすることが自分の所属する組織を変えるだけでなく、いつかスポーツ全体に変化をもたらし、それが更に自分自身を成長させるのである。

　私は「はじめに」の中で「人が成長し、組織が力強く生き生きとした場所となるためには、ひとりひとりが自己に対して強い問題意識を持ち、さまざまな試行錯誤を経験ながら自立を獲得することが必要」と書いた。それがこの事なのである。

　「スポーツ団体ガバナンスコード」に圧倒的に欠落しているのはこのこと、つまり団体（組織）とは一人一人の集団である、という事であり、その一人一人が変化することだけが、その団体（組織）を本質的な変化に導くことが出来る、という視点である。

　「ガバナンス＝統治」という言葉にはそもそも権力の匂いがするが、スポーツ庁はいつの間にか警察になってしまったのであろうか。スポーツ庁はスポーツ組織に対して取り締まりを行う前に、行うべきことがまだまだ沢山あるのではないか。それとも最早警察が必要である、と考えるほどスポーツ組織に対し絶望してしまったのであろうか。

5.　おわりに（スポーツ組織の「偏差値」を上げるために）

　スポーツ組織に今必要なものは、学びである。そして彼らが自ら学ぶことを手助けする事である。あるいは「自分には学びが必要だ」という事を気づかせる事かもしれない。つまり教育なのであるが、「教育」という言葉を使うと「ああそれやってます」という「自動機械的反応」で処理されてしまうので、あえてこの言葉を使ったのである。

　ついでに言うと教育の定義にはいろいろあるが、私が気に入っているのは「個々の人間に固有の特性の発達を促し、同時にそうして引き出された個人的な特性を、その個人が所属する社会的集団の有機的な結合と調和させることである」というハーバード・リードが「芸術による教育」の中で述べているものである。個人の特性と社会とを「調和」させるというリードの言い方に、人間と社会

に対する信頼や肯定性、そして愛を感じるからだ。

　ところでスポーツガバナンスにも教育や学びに関係する部分が1カ所だけある。それも13番まである「スポーツガバナンス規定の原則」のトップ、第1番の「組織運営等に関する基本計画を策定し、公表すべきである」の所である。そこには「安定的かつ持続的な組織運営を実現するためには、組織としてのミッションやビジョン、それを実現するための戦略や計画を定めるべき」と書かれ、更に「組織運営の強化に関する人材の採用や育成に関する計画を策定し公表すること」述べているのである。

　これが何故教育や学びに繋がるかと言えば、計画を策定するということ、それ自身が、本質的に過去を総括し、現在を正しく認識することを求めるからである。またミッションやビジョンとは、その組織が向かう将来の社会を想定し、そこにおいて自分たちは人々にどのような価値を提供し、どんな存在になるのかを提示するものだからである。これにより現在と未来、自己と他者について深く考えざるを得ないのである。だからこれらの事に真剣に取り組みを始めれば、必然的に自分たちの問題に、いや自分たち自身に問題がある事に気づき、そこからは終わることのない何故？の問いかけが始まるはずである。そうなればいつか自動機械である事から抜け出すことが出来、自分の目でものを観、自分の頭でものを考えるようになり、次第に他者への意識も広がってゆく。このようにして内面的自己認識や外面的自己認識の力が高まれば、その結果組織の「偏差値」も向上するのである。

　偏差値が向上すれば他のガバナンスコードへの対応も余裕をもって可能になるのではないだろうか。いや、ガバナンスコードが必要でなくなるほど自立できるかもしれない。それくらいのこの「計画の策定」は重要な、そして困難な、しかし必須の課題なのである。

　もちろんこのように事が全てスムーズに進むはずはなく、幾多の試行錯誤を何度も何度も繰り返すことを覚悟しなければならない。だからこそ、そこには「自主性や主体性を認める相互の理解と信頼」を基盤にした、学びと教育とサポートが必要なのである。

　それにしてもこのスポーツ団体ガバナンスコードには愛や信頼が感じられない。むしろスポーツ組織を突き放している感じである。こんなことをしていると、どこかのスポーツ組織が「20XX年のオリンピックで金メダルX個、銀メダルX個獲得を目指し、日本の人々に勇気を与えます」などという「基本計画」や「ミ

ッション」を出してくることになるのではないだろうかと深く危惧している。

【参考資料】

守田知代，自己意識，脳科学辞典インターネット版. https://bsd.neuroinf.jp/wiki/%E8%87%A
A%E5%B7%B1%E6%84%8F%E8%AD%98

ターシャ・ユーリック，リーダーに不可欠な「自己認識力」を高める３つの視点，Harvard
Business Review インターネット版 2018.02.09．https://www.dhbr.net/articles/-/5215

◤ 執筆者紹介 ▶

松本泰介　早稲田大学

佐野慎輔　尚美学園大学

井上俊也　大妻女子大学

吉田智彦　公益財団法人笹川スポーツ財団

西崎信男　九州産業大学

小林　至　桜美林大学

石井昌幸　早稲田大学

南木恵一　一般社団法人とやまライフデザイン研究所

武藤泰明　早稲田大学（研究会世話人）

町田　光　元 NFL JAPAN 代表取締役

本書は製作費の一部について、早稲田大学総合研究機構からの補助を得て刊行しました。

これからのスポーツガバナンス

2020 年 6 月 30 日　第 1 刷発行

編　者　　早稲田スポーツナレッジ研究会

発行者　　鴨門裕明

発行所　　㈲創文企画
　　　　　〒 101- 0061　東京都千代田区神田三崎町 3 −10 −16　田島ビル 2F
　　　　　TEL：03-6261-2855　FAX：03-6261-2856　http://www.soubun-kikaku.co.jp

装　丁　　オセロ

印刷・製本　壮光舎印刷㈱